Marija Schwarz

Deine Seele spricht mit dir

Eine Reise in deinen inneren Raum zur Wunderkraft deiner Seele

Schirner Verlag

Die Ratschläge in diesem Buch sind sorgfältig erwogen und geprüft. Sie bieten jedoch keinen Ersatz für kompetenten medizinischen Rat, sondern dienen der Begleitung und der Anregung der Selbstheilungskräfte. Alle Angaben in diesem Buch erfolgen daher ohne Gewährleistung oder Garantie seitens der Autorin oder des Verlages. Eine Haftung der Autorin bzw. des Verlages und seiner Beauftragten für Personen-, Sach- und Vermögensschäden ist ausgeschlossen.

Wir verzichten auf das Einschweißen unserer Bücher – **UNSERER UMWELT ZULIEBE!**

ISBN Printausgabe 978-3-8434-1469-2
ISBN E-Book 978-3-8434-6446-8

Marija Schwarz:
Deine Seele spricht mit dir
Eine Reise in deinen inneren Raum
zur Wunderkraft deiner Seele
© 2021 Schirner Verlag, Darmstadt

Umschlag: Simone Fleck, Schirner, unter Verwendung von #1571066908 (© LedyX), #570560110 (© suns07butterfly), #1659554146 (© Natata) und #288201491 (© Sergii Syzonenko), www.shutterstock.com
Layout: Hülya Sözer & Elena Lebsack, Schirner
Lektorat: Sandra Woite, Schirner
Printed by: Ren Medien GmbH, Germany

www.schirner.com

1. Auflage Februar 2021

Alle Rechte der Verbreitung, auch durch Funk, Fernsehen und sonstige Kommunikationsmittel, fotomechanische oder vertonte Wiedergabe sowie des auszugsweisen Nachdrucks vorbehalten

Inhalt

Vorwort 8

Was ist Intuition? 14

Herz und Verstand im Einklang 18

Der erste Schritt zur Intuition 22

Möchtest du wirklich mehr wissen,
mehr sehen, mehr fühlen? 28

Empathie 34

Das Yin-Prinzip 48

Der Fokus – eine Kraft des Yang 60

Das Zusammenspiel von Yin und Yang 66

Gedanken zur Ruhe bringen 70

Zuhören – die Magie in der Begegnung 80

Auflösung von Blockaden 88

Höhere Zentren 100

Die Aura 108

Die Chakras *122*
    Das Wurzelchakra *127*
    Das Sakralchakra *131*
    Das Nabelchakra *134*
    Das Herzchakra *138*
    Das Halschakra *142*
    Das Stirnchakra *147*
    Das Kronenchakra *152*

Die universelle Kraft *156*

Schlusswort *168*

Über die Autorin *171*

Bildnachweis *176*

Der Mensch ist in der Essenz reines Bewusstsein. Wenn er seine wahre Natur zum Ausdruck bringt, verschwinden die innere Leere, Unzufriedenheit und Rastlosigkeit.

Vorwort

Wenn wir Zugang zu unserer Seele haben, leben wir angstfrei, sehen klarer und entwickeln tiefes Vertrauen in uns und das große Ganze. Wir sehen unser inneres Licht, wo vorher Dunkelheit herrschte. Es ist, als würden wir aus einem bedrückenden Schlaf erwachen: Wir recken und strecken uns im Licht und begreifen, dass das, was wir bisher gelebt haben, nur ein unruhiger Traum war. Das echte Leben beginnt, wenn wir uns unserer Seele und damit auch unserer Intuition zuwenden. Nach und nach werden wir erkennen, wer wir in der Tiefe unseres Selbst wirklich sind, warum wir hier sind und was unsere Bestimmung ist. Mit diesem Buch möchte ich dich genau dabei unterstützen.

Aber wann sprechen wir eigentlich von »Seele«? Wir tun es, wenn wir unser Herz wahrhaft spüren und uns deshalb bewusst wird, dass es mehr gibt als unsere grobstoffliche Existenz. Dann fühlen wir, dass wir die Verbindung zu unserer Seele gefunden haben. Wenn wir die Welt feinsinniger und deshalb ganzheitlicher wahrnehmen, definieren wir uns nicht mehr ausschließlich über unseren Körper, sondern wissen, dass es eine tiefere Dimension der Erfahrung gibt. Diese bleibt uns allerdings verschlossen, wenn wir Erfüllung ausschließlich in der Befriedigung unserer Sinne suchen. Denn dann sind wir darauf angewiesen, dass Reize von außen kommen und uns beglücken. Viele Menschen hoffen, dass sie dadurch zu innerer Harmonie finden. Doch so finden sie ihren Seelenfrieden nicht – wollen ihn vielleicht auch gar nicht finden, weil er ihnen in unserer schnelllebigen Zeit langweilig und nicht erstrebenswert erscheint. Das, was ihre Sinne reizt und aufpeitscht, ist aus ihrer Sicht verlockender. Das ist es aber nur so lange, bis ihre Kräfte verbraucht sind und die innere Harmonie völlig verschwunden ist – denn diese Menschen haben keine Möglichkeit, ihre Energien aufzuladen, was in Verbindung mit ihrer Seele ganz automatisch geschähe.

Wenn wir in der Tiefe unseres Seins Erfüllung finden wollen, müssen wir damit aufhören, im Außen nach dem Glück zu suchen. Solange der Mensch sich ausschließlich um seine bloßen Äußerlichkeiten kümmert, definiert er sich auch nur über sie. Dann heißt es: »Ich bin mein Körper«, »Ich bin mein Beruf, mein Bankkonto, meine Persönlichkeit« usw.

Sobald wir jedoch bewusst nach innen gehen, erhöht sich unsere Schwingung, und wir ahnen, dass wir auf tieferer Ebene etwas ganz anderes sind als diese äußere Hülle. Die zwanghafte Identifikation mit der Persönlichkeit lässt nach. Wir werden zum Beobachter all dessen, was uns widerfährt, und gewinnen Abstand zu unseren Erfahrungen. Vorher nahm uns alles so sehr mit, dass wir schnell unser inneres Gleichgewicht verloren. Wenden wir uns jedoch nach innen, werden wir so weitgehend zum Beobachter, dass wir uns ab einer bestimmten Stufe kaum noch mit dem Ego identifizieren. Wir nehmen uns stärker als Seele wahr, identifizieren uns nicht mehr so stark mit unseren Gedanken, oberflächlichen Gefühlen und Erfahrungen. Wir verstehen dann, dass wir diese nicht sein können, da sie einem ständigen Wandel unterliegen. **Wir sind das, was beständig ist.** Und um herauszufinden, was dieses Beständige ist, müssen wir nach innen gehen. Die Seele weist uns den Weg zum tieferen Verständnis. Ohne den Kontakt zu ihr sind wir ohne Führung und Schutz.

Wenn wir unsere Seele ganz deutlich fühlen, beginnen wir, die Perspektive zu verlassen, durch die wir im Drama und im Schmerz lebten. Und genau das macht vielen Menschen Angst: Sie befürchten, die Kontrolle über ihre kleine, aber wohlvertraute Welt zu verlieren. Das eigene Bewusstsein zu erweitern, erscheint gewagt und unsicher. **In Wahrheit sind wir aber niemals getrennt von der tieferen Realität.** Unsere Art zu leben lässt uns bloß glauben, wir seien es. Wir können so sehr mit der Welt beschäftigt und so sehr im Außen verhaftet sein, dass wir höhere Realitäten einfach nicht wahrnehmen, sondern überwiegend das Negative im Leben sehen: Mängel, Ängste und Unzulänglichkeiten sind dann an der Tagesordnung. Wir sind aber weder unsere Gefühle, noch sind wir unsere Gedanken. Und doch scheinen sie die einzige Realität zu bilden, wenn wir keinen Zugang zu tieferen Schichten haben. Wenn wir noch nicht zur Ebene unserer Seele durchgedrungen sind, fällt es uns häufig schwer, uns zu orientieren und den richtigen Weg zu wählen. Dann können wir versuchen, allein mit Logik an die Dinge heranzugehen, aber der Verstand funktioniert ohne das Herz nur eingeschränkt. Haben wir keinen Kontakt zu unserer Intuition, ist das Leben kalt, grau und ohne tiefere Bedeutung. Die Entscheidungen, die wir dann treffen, sind nicht im harmonischen Einklang mit dem großen Ganzen.

Die Seele ist ein Zwischenreich. Dort fühlen wir eindeutig, dass wir keine rein materiellen Wesen sind. Wenn wir noch einen Schritt weitergehen, verschmelzen wir ganz mit dem Göttlichen. Also wird selbst das, was wir Seele nennen, später eins mit der Uressenz, dem großen Ganzen.

Um deine Intuition zu entdecken, darfst du lernen, wieder zu fühlen. Und je feinfühliger du wirst, desto weiter wird deine Sicht. Sie kann sich derart weiten, dass du das Außen nicht mehr getrennt von dir selbst wahrnimmst. Wenn du dazu in der Lage bist, kannst du andere wirklich verstehen. Du kannst mit ihren Augen sehen und mit ihren Herzen fühlen. Du weißt, was sie denken. Das ermöglicht es dir, viel mehr von der Realität zu erfassen als wenn du in deiner eigenen kleinen Blase zu Hause bist. So erhältst du neue Botschaften, die zu einem größeren Verständnis und zu besseren Entscheidungen führen.

Aber oft wissen wir nicht einmal, was in uns selbst vor sich geht, geschweige denn in anderen. Wir haben keinen inneren Kompass, der uns leitet, vertrauen unserer Wahrnehmung nicht. Denn oft hat diese uns schon in die Irre geführt: Wir glaubten, das Richtige zu tun, was sich dann doch als falsch herausstellte.

Wirklich gute Entscheidungen treffen wir erst, wenn wir von der grobstofflichen Ebene zur Seelenebene aufsteigen und darüber hinaus. **Je mehr Kontakt du zu deiner Seele hast, desto stärker wirst du dich mit allem verbunden fühlen, und deine Intuition wird erwachen.** Viele wunderbare Dinge werden sich dir offenbaren, sobald du lernst, dem Fühlen Raum zu geben. Es kommt dir vor wie eine Reise ins Land der Wunder: Du entdeckst die natürlichen Gaben deiner Seele und bist voller Staunen, welche Kostbarkeiten in deinem Innersten zu finden sind. Aber im Grunde ist genau das selbstverständlich: Du bist reines, pures Bewusstsein, und wenn du beginnst, zu strah-

Das Leere mit Sinn füllen!

Menschen, die eine lebensbedrohliche Erkrankung oder eine tiefe Krise überstanden haben, müssen ihr Dasein meist ganz neu sortieren. Für sie ist es wichtig, wieder Vertrauen in das Leben und den eigenen Körper zu entwickeln.

Martina Kahlert hat diese Erfahrung selbst gemacht, aus ihrer Krebserkrankung Kraft geschöpft und das Erlebte mit Sinn erfüllt. Die Heilpraktikerin für Psychotherapie verbindet in diesem Buch fachliches Know-how mit persönlichen Erfahrungen und Einsichten. Mit sanftem Blick auf die Denkweise und die Seelenlage sensibler und empathischer Menschen, heilsamen Übungen und Meditationen, Hinweisen zur richtigen Ernährung, zur Bewegung und zur Selbstfürsorge zeigt der ganzheitliche und feinfühlige Ratgeber, wie der Neuanfang nach einer Krise gelingt.

Dieses liebevolle Buch ist eine Quelle für Zuversicht und Hoffnung, dessen charmantes Layout mit viel Liebe für betroffene Menschen gestaltet ist.

Martina Kahlert
Der Lebenskraft neue Wurzeln geben!
Außergewöhnliche Wege für eine neue Balance nach einer schweren Krankheit
ISBN 978-3-8434-1428-9
168 Seiten, broschiert, mit zahlreichen farbigen Abb.
D € 16,95 | A € 17,50

Jetzt bestellen unter 06151-39183128 • oder gleich in Ihrer Buchhandlung kaufen • www.schirner.com

*Der Newsletter kann jederzeit abbestellt werden.

Name/Vorname: _____

Straße: _____

PLZ, Ort: _____

Telefon: _____

E-Mail: _____

Geburtsdatum: _____

Bitte senden Sie mir:
- [ ] weitere Informationen aus dem Schirner Verlag
- [ ] den Schirner Newsletter (nur als E-Mail*)
- [ ] das SPIRIT live & Schirner Magazin

Diese Karte entnahm ich dem Buch: _____

Würden Sie dieses Buch weiterempfehlen? _____

Vielen Dank!

Antwort

Schirner Verlag
Birkenweg 14a
D-64295 Darmstadt

Bitte freimachen, falls Marke zur Hand

len und deine Seelenkräfte zu entdecken, ist nichts unmöglich. Solange du es aber nicht wagst, deine Essenz freizulegen, schaust du mit traurigen und müden Augen auf die Welt und fragst dich: »Warum ist alles so schwer und undurchdringlich? Wo ist Gott?« Du weißt nicht, was du tun kannst, damit es dir besser geht und damit dein Dasein einen Sinn bekommt. Du schleppst dich durchs Leben, von Wundern keine Spur. Solange du die Dinge aus der eingeschränkten Perspektive siehst und ohne Seele zu lösen versuchst, musst du enorme Kräfte aufbringen und scheinst doch nicht vom Fleck zu kommen. Aber es gibt eine Dimension, in der deine Sorgen nicht existieren und in der alles, was du bist, reine Glückseligkeit ist, und diese Dimension ist keinen Zentimeter von dir entfernt.

Dieses Buch möchte dir Einblicke in die Realität deiner Seele geben. Gehörst du zu den Menschen, die nach dem Sinn des Lebens suchen, sich verloren fühlen oder sich fragen, was der nächste sinnvolle Schritt in ihrem Leben sein könnte? Vielleicht hast du schon so viel gemacht und ausprobiert und trittst doch immer auf der Stelle. Das Buch soll dich dazu anregen, nach innen zu gehen, feinfühliger zu werden, genauer zu beobachten. Je mehr du fühlst und dich deinem Inneren zuwendest, desto stärker wirst du dein Herz und deine Seele wahrnehmen. Dann entfaltet sich deine Intuition, und dein Leben kommt in die richtige Bahn. Du wirst immer mehr Vertrauen entwickeln und auch in schwierigen Situationen wissen, was du tun sollst. Zahlreiche Übungen leiten dich zur sanften Befreiung von inneren Blockaden an, wodurch sich dein Kanal zur feinen Wahrnehmung nach und nach öffnet.

Was ist Intuition?

*D*er Begriff »Intuition« kommt aus dem Lateinischen und bedeutet »unmittelbare Anschauung« und »genaues Hinsehen«. Die Intuition ist die Fähigkeit, Wissen außerhalb des rationalen Erfassens zu empfangen. Eine Eingebung, die nicht auf logischen Schritten und Überlegungen beruht, sondern aus dem Nichts zu uns zu kommen scheint: Wir wissen etwas unmittelbar, schauen hinter den Vorhang.

Oft denken wir, dass wir nur sehr wenig intuitives Wissen besitzen. Aber wir übersehen, dass wir unsere Intuition im Alltag ständig nutzen. Wenn wir zum Beispiel Menschen begegnen, nehmen wir meist schon nach wenigen Augenblicken unbewusst wahr, ob die Gegenwart der Person uns guttut oder nicht. Es sind unzählige Eindrücke, die auf uns einströmen, aus denen wir uns ein erstes Bild machen. Wir sagen auch, dass unser Bauchgefühl oder unsere innere Stimme uns gezeigt hat, ob wir jemandem oder etwas vertrauen können. Weil wir aus verschiedenen Gründen oft nicht nach diesem intuitiven Wissen handeln und es ignorieren, finden wir uns immer wieder in schwierigen Situationen wieder. Aber wir können lernen, diese innere Dimension des Wissens Schritt für Schritt zu entfalten und auch bewusst in unseren Alltag einfließen zu lassen. Zu wenig legen wir als Gesellschaft Wert darauf, Seelenkräfte zu verstehen und zu entwickeln. Aber viele Menschen spüren, dass ihnen etwas im Leben fehlt. Sie ahnen, dass sie eine ganze Dimension ihres Seins nicht zum Ausdruck bringen. Weil wir in einer Gesellschaft leben, die auf Schnelligkeit, Effizienz und Produktivität ausgerichtet ist, dringen wir so gut wie nie tiefer in das Sein vor. **Aber allein mit dem Verstand lässt sich nicht alles regeln.** Er ist nur ein Aspekt des Lebens, ein anderer ist das Fühlen. Doch bewusstes Fühlen steht bei vielen Menschen nicht im Fokus. Sie achten kaum auf das, was sie fühlen. Das führt dazu, dass sie falsche Entscheidungen treffen, denn ihnen fehlt eine ganzheitliche Sicht. Sie empfinden das Leben als belastend, sind schnell müde und erschöpft. Ein ruhiges, harmonisches Leben erscheint unmöglich. Da ist es kein Wunder, dass so viele Menschen an Burn-out leiden. Sie denken, dass Aktivität und Rationalität alles sind, was sie brauchen. Sie haben die komplementäre Energie, nämlich die passive und ruhige Kraft, völlig verdrängt. **Entspannung, Muße, Kreativität und freier Fluss, ohne Zeitdruck zu verspüren, sind kein Luxus, sondern Notwendigkeiten.** Wir können nicht abgeschnitten von uns selbst sein und auf Verbindung mit anderen hoffen. Wir können nicht ignorant den eigenen Bedürfnissen gegenüber sein und wissen, was jemand anderes braucht.

In unserer Gesellschaft schenken wir der Intuition keine große Bedeutung. Sie ist kein Thema in Schulen und anderen pädagogischen Einrichtungen. Wir lernen nicht, uns selbst zu spüren, unsere Empfindungen, Bedürfnisse und Sehnsüchte ernst zu nehmen. Aufgaben sollen erfüllt werden, ohne zu zögern oder innezuhalten und nachzuspüren. Alles muss wie am Schnürchen laufen, ohne viel Wert auf Bewusstheit, Achtsamkeit und Gefühl zu legen. Aber eine Welt, in der sich das Fühlen verabschiedet hat, ist armselig und leer, auch wenn sie noch so effizient und produktiv zu sein scheint. Denn der Mensch ist keine Maschine, und er kann nicht auf Dauer so tun, als sei er eine.

Solange wir das Fühlen nicht zulassen, können wir auch nicht intuitiv sein und bleiben unerfüllt. Wir können die Unzufriedenheit betäuben oder ignorieren, aber das geht nicht lange gut. Wir unterliegen Gesetzmäßigkeiten, die es nicht gestatten, kontinuierlich auf einem destruktiven Pfad unterwegs zu sein. Schon bald finden wir uns mit Situationen konfrontiert, die uns dazu herausfordern, Neues auszuprobieren. Das Leben stagniert nur vorübergehend. Und selbst dann lernen wir aus so einer Situation sehr viel. Das Ziel des Seins ist es letztlich, mit dem großen Ganzen zu verschmelzen. Auf dem Weg dorthin gilt es, eine höhere Dimension des Erlebens, eine sensiblere, harmonischere Stufe des Seins zu erreichen. Alles, was grob ist, wird geschliffen, bis es seine Kanten und rauen Stellen verliert. So kommen Glanz und Schönheit ins Dasein.

Unser Leben muss nicht grob und belastend sein. Unsere Beziehungen müssen nicht derb und oberflächlich sein. Wir können feinere Empfindungen in unser Leben einfließen lassen, wodurch unsere Begegnungen achtsamer und inspirierender werden. **Es ist das feinere Fühlen, das die Türen zu einer uns bisher fremden Dimension öffnet.** Hier gibt es vieles zu entdecken, was neuartig und aufregend ist. Dieser Bereich ist ein Teil von uns, den wir lange haben schlafen lassen, der sich jetzt aber bemerkbar macht. Hier gibt es weder Raum, noch Zeit. Es ist ein kindliches Wunderland, in dem wir mit wachen, feinen Sinnen vieles neu entdecken. Warum bloß hatten wir diesen Teil von uns abgetrennt? Wie kamen wir denn darauf, dem sanften Empfinden den Rücken zu kehren, um stattdessen uns selbst und anderen mit Unachtsamkeit und Gleichgültigkeit zu begegnen? Es wird höchste Zeit, das Fühlen wieder zu lernen. Denn die Intuition erwacht von allein in uns, wenn wir uns in Empfindsamkeit und Achtsamkeit üben.

Herz und Verstand im *Einklang*

Unsere Seelenkräfte erwachen, wenn wir lernen, unsere Energie nach innen zu lenken. Das bedeutet aber nicht, dass wir nur noch nach unseren Gefühlen leben sollen, ganz ohne Verstand. Denn das wäre eine sehr einseitige Sicht und würde auch zu Problemen führen. Manch einer fragt sich vielleicht: »Ist unser Verstand wirklich so wichtig? Sollten wir uns nicht eher allein von unserem Herzen und unseren Gefühlen leiten lassen? Sind nicht sie es, die immer richtig liegen?« Im Gegenteil: Jemand, der immer nur auf seine Gefühle achtet und seinen Verstand außen vor lässt, hat es schwer, gute Entscheidungen zu treffen. Schnell fühlt er sich Menschen und Situationen hilflos ausgeliefert. Grenzen zu setzen, fällt ihm schwer. Er weiß nicht, dass alles, was geschieht, eine Ursache hat, dessen Wirkung er gerade erlebt. Für ihn erscheint alles willkürlich, ohne Zusammenhang und Struktur. Er ist ganz in der Welt seiner Empfindungen zu Hause. Der Verstand erscheint ihm vielleicht zu kalt und unpersönlich, und er versucht, ihn möglichst nicht einzusetzen.

Um jedoch ganzheitliche, gute Entscheidungen treffen zu können, müssen Verstand und Herz Hand in Hand gehen. Wenn der rationale Verstand nicht ausgebildet ist, neigt der Mensch zu Illusionen und irrationalen Schlussfolgerungen. **Denn Gefühle können leicht täuschen.** Fühlen, ohne dass der Verstand auch eine Rolle spielt, kann zu psychischen Problemen führen. Der Mensch hat dann kein Unterscheidungsvermögen mehr. Für ihn vermischen sich alle Ebenen und Realitäten.

Viele Menschen setzen Fühlen mit Sentimentalität, Weinerlichkeit und Schwäche gleich. Deshalb hat es einen schlechten

Ruf. Ein sensibler Mensch wird schnell für schwach gehalten. »Er fühlt zu viel«, wird dann gesagt. Viel zu fühlen, ist jedoch eine Gabe, und wie jede Gabe kann sie nützen oder schaden, je nachdem, wie sie angewandt wird. Zur Schwäche wird das Fühlen leicht ohne den Verstand. Sentimentalität, Weinerlichkeit und Schwäche sind bloß komplementäre Erscheinungen eines Verstandes, der nicht gesund ist. Ein gesunder Verstand zieht eine ebenso heile Gefühlswelt an.

Im Umkehrschluss ist die Gefühlswelt eines rein aus dem Verstand handelnden Menschen genauso destruktiv, wie es sein Denken ist. Er mag auf den ersten Blick vernünftig und rational erscheinen, beim näheren Hinsehen stellen wir aber fest, dass ihm Empathie und Intuition fehlen. Ohne diese können wir keine ganzheitlichen Entscheidungen treffen. Das Denken, wie klug es vielleicht zuerst erscheint, führt ohne das feinere Fühlen zu Zerfall. **Denn Verstand ohne Liebe kann nicht gut sein, genauso wenig wie Liebe ohne Verstand.**

Manche meinen, dass der Verstand beim Einsatz der Intuition irrelevant ist. Aber ein Physiker, Mathematiker oder auch Musiker eignet sich Vorkenntnisse in seinem Fachgebiet an, und damit kann die Intuition ihn bei seiner Tätigkeit zusätzlich unterstützen. Wenn du zum Beispiel ein Musikstück komponieren willst, aber kein Wissen über Noten oder die Funktionsweise des Instruments hast, wird dir deine Intuition kaum helfen können. Du wirst einfach nur disharmonische, wirre Töne hervorbringen. Du brauchst also ein Vorwissen, mit dem sich die Intuition verbinden kann. Auch wird es dir nicht gelingen, intuitive Bilder zu malen, wenn du nicht zumindest die Grundlagen der Malerei oder der jeweiligen Maltechnik beherrschst. Ein Physiker hat plötzlich einen Einfall und löst sein Problem

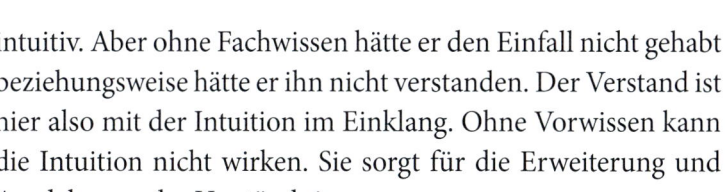

intuitiv. Aber ohne Fachwissen hätte er den Einfall nicht gehabt beziehungsweise hätte er ihn nicht verstanden. Der Verstand ist hier also mit der Intuition im Einklang. Ohne Vorwissen kann die Intuition nicht wirken. Sie sorgt für die Erweiterung und Ausdehnung des Verständnisses.

Ganz anders ist es, wenn du zum Beispiel spontan wahrnimmst, dass ein Mensch Probleme in einem bestimmten Bereich seines Körpers hat. Du kannst mit dem inneren Auge eine Störung »sehen«, ohne etwas über die betroffenen Organe zu wissen. Vielleicht fühlst du dort einen Mangel an Lebenskraft, siehst eine disharmonische Energie oder Ähnliches. Offensichtlich ist hier kein Vorwissen erforderlich. Du musst nicht wissen, dass an dieser Stelle die Leber sitzt oder die Niere oder das Herz. Du erkennst den Bereich, wo sich die Störung befindet, und erfasst intuitiv vielleicht die Ursache der Disharmonie. Und doch geht es auch hier nicht völlig ohne den Verstand – nämlich im Hintergrund. Er gibt die Absicht und Richtung vor, ohne die wir ziel- und planlos wären: Angenommen, du hast vor, einen Körper mittels deiner Intuition auf Störungen zu überprüfen. Dein Verstand ist es, der zuerst entscheidet, was gemacht werden soll. Dann erst übernimmt die Intuition.

Auch hilft uns der Verstand, uns bei der intuitiven Arbeit nicht in Wunschvorstellungen oder Fantasien zu verlieren. Er ordnet die Dinge, gibt ihnen einen Rahmen. Er wirkt als schützende und Grenzen setzende Instanz, ohne die wir leicht aus der Bahn geworfen werden können. Ohne ihn haben die Gefühle keinen geschützten Rahmen. Sie manifestieren sich dann leicht als Sentimentalität, Ängstlichkeit, Trägheit, Sinn- und Planlosigkeit. **Je intensiver wir fühlen, desto mehr brauchen wir stabilen Boden unter den Füßen.**

Der erste Schritt zur Intuition

Wenn wir achtsam sind, bekommen wir viel mehr mit, als wenn wir uns grob und unbewusst einer Situation, einem Menschen, einem Tier, einer Pflanze oder einem Gegenstand nähern. Unser Bewusstsein registriert viele Details, dadurch haben wir mehrere Möglichkeiten, auf etwas oder jemanden einzugehen. Das spielt sich sehr schnell ab, ohne dass wir über jede Kleinigkeit nachdenken müssen. Das gilt aber nicht nur in Bezug auf andere, sondern auch für uns selbst. Wir bekommen oft nicht mit, wie es uns selbst geht, weil wir ständig mit etwas beschäftigt sind und immer versuchen, uns abzulenken, sobald es stiller in uns wird. So kann sich die Intuition aber nicht entfalten.

Du kannst üben, Stille im Alltag zuzulassen, wann immer es möglich ist: Im Wartezimmer beim Arzt, in der Schlange beim Einkaufen oder an der Bushaltestelle. Anstatt die Zeit totzuschlagen, indem du dich mit Dingen ablenkst, die dir ohnehin nichts bedeuten, könntest du einfach versuchen, den Moment der Stille zu ertragen. Ich sage bewusst »ertragen«, weil es zu Beginn unangenehm sein kann, wenn du innehältst und nichts tust, auch nichts denkst. Lasse deinen Körper bewusst los, entspanne deinen Kiefer, deine Augen, und fühle den gegenwärtigen Moment. Wie geht es deinem Körper? Ist er verspannt? Spürst du irgendwo Schmerzen? Wie fühlt sich die Umgebung an? Wie atmest du? Mache es dir zur Gewohnheit, jedes Mal, wenn du im Alltag Momente erlebst, in denen es nichts zu tun gibt, diese voll zuzulassen, anstatt sie irgendwie zu füllen. Auch wenn du dich in der Stille zu Beginn langweilen solltest, macht das nichts. Übe einfach weiter. Du wirst feststellen, dass sich die Langeweile schon bald wandelt und du sehr gern das **Jetzt** genießt, ohne etwas zu denken oder zu tun.

Du kannst auch Muße und Ruhe in Begegnungen mit anderen entstehen lassen, sogar während Gespräche stattfinden. Diese bekommen dadurch eine ganz neue Tragweite. Wenn du achtsam bist, dann verlässt du die Oberfläche der Situation, und du wirst fähig, mehr zu sehen, mehr zu fühlen, mehr zu hören, als es dir vorher möglich war. Nicht nur, dass du auf diese Weise in der Begegnung mit anderen intuitiver wirst, du hilfst ihnen auch, in aller Ruhe das zum Ausdruck zu bringen, was ihnen am Herzen liegt. Der andere fühlt sich nicht unter Druck gesetzt, sondern kann sich ebenfalls ganz im gegenwärtigen Moment entspannen und sich in aller Ruhe äußern. Das gibt ihm mehr Raum, das Gesagte zu fühlen, und dadurch auch die Möglichkeit, selbst intuitiv zu werden.

Damit sich dir tieferes Wissen in der Begegnung mit anderen eröffnet, musst du erst einmal in der Lage sein, dich ganz auf den Menschen einzustellen. Du kannst nicht die Person anschauen und in deinem Geist ganz woanders sein, wenn du Informationen zur gegenwärtigen Situation haben möchtest. **Das Wichtigste ist also zunächst einmal, ganz im Hier und Jetzt anzukommen.** Du selbst musst vollkommen ruhig und gelassen sein, um kleinste Nuancen wahrnehmen zu können. Wenn du es schaffst, deine Gedanken über einen längeren Zeitraum zu beruhigen und deinem Gesprächspartner deine ungeteilte Aufmerksamkeit zu schenken, kommen die Informationen ganz von selbst. Du musst dich nicht anstrengen. Was vorher verborgen schien, liegt dann offen vor dir. Das Hellsehen, Hellfühlen, Hellhören öffnet sich im selben Maß, wie du fähig bist, den Fokus über einen längeren Zeitraum auf etwas gerichtet zu halten. Sei in deiner Konzentration einfach ganz

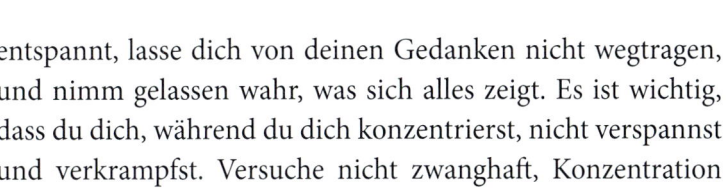

entspannt, lasse dich von deinen Gedanken nicht wegtragen, und nimm gelassen wahr, was sich alles zeigt. Es ist wichtig, dass du dich, während du dich konzentrierst, nicht verspannst und verkrampfst. Versuche nicht zwanghaft, Konzentration herbeizurufen, sondern sei ganz locker und entspannt.

Wenn du wissen möchtest, was in einem Tier vorgeht, machst du das so: Du schaust das Tier an, voller Wohlwollen und ganz ohne Erwartung. Du gehst mit dem Tier achtsam und liebevoll um. Zeigst ihm durch Gesten, durch deine Körperhaltung, dass du sein Freund bist, und hältst dich in seiner Nähe auf. Deine Intention ist dabei wichtig: Wenn du keine hast, wirst du nur dasitzen, dich wohlfühlen und vielleicht das hübsche Fell zur Kenntnis nehmen oder sonst etwas Äußeres beobachten. Wenn deine Absicht aber ist, im Energiefeld des Tieres zu lesen, dann konzentriere dich auch darauf. Tue es, ohne dich selbst unter Druck zu setzen, abwartend und gleichzeitig fokussiert. Es braucht vielleicht zu Beginn ein wenig Übung, beides zur selben Zeit zu aktivieren: **Fokus und Entspannung.** Aber genau darum geht es. (Wie du deinen Fokus trainieren kannst, erfährst du ab Seite 60.)

Falls du etwas intuitiv über einen natürlichen Gegenstand oder eine Pflanze erfahren möchtest, gehst du auch so vor: Du entspannst dich und konzentrierst dich auf deine Absicht. Wenn es dir nicht gelingt, konzentriert zu sein, wirst du womöglich nur die Temperatur des Gegenstands fühlen oder seine Beschaffenheit zur Kenntnis nehmen. Aber du möchtest auf einer feineren Ebene Informationen bekommen. Deshalb richtest du deine Aufmerksamkeit genau darauf. Innerlich hältst du deine spezielle Frage wach, während du fühlst und betrachtest. Du wartest geduldig, bis du einen Impuls bekommst, der deine Frage beantwortet. Zu Anfang kann es etwas dauern, bis sich dir etwas Tieferes offenbart. Das hängt von deiner Fähigkeit ab, den Fokus und deine Absicht zu halten, während du ganz in der Ruhe bist, vollkommen entspannt und ohne dich unter Druck zu setzen. Erwarte nichts, und sei offen für alles. Das ist die beste Einstellung. Vielleicht blitzt kurz eine Farbe auf, oder dir kommt spontan ein Gedanke. Es fängt immer mit Kleinigkeiten an. Wenn du diese aber ignorierst, weil du auf die ganz große Offenbarung wartest, wirst du wahrscheinlich enttäuscht werden. **Oftmals sind es kleine Dinge, die in unser Bewusstsein dringen und die dann zu weiteren Einsichten und Offenbarungen führen.** Vielleicht fragst du dich, ob alles Einbildung oder Wunschdenken ist, was du erlebst. Wenn du mit der intuitiven Arbeit beginnst, wird dir nicht immer gleich klar sein, ob deine Erkenntnisse tatsächlich der Intuition zuzuschreiben sind oder einfach nur deiner Erwartung. Mit der Zeit lernst du aber, das zu unterscheiden. Setze dich nicht unter Druck, alles sofort sehen und wissen zu müssen. Deine Intuition wird sich langsam und organisch entfalten, wenn du geduldig und liebevoll mit dir selbst umgehst.

Wer gut darin ist, innerlich loszulassen und sich gleichzeitig zu fokussieren, ganz ohne Leistungsdruck und Erwartung, wird schon zu Beginn des Übens viele Informationen erhalten. Wer Schwierigkeiten mit seiner Konzentration hat, ist in Gedanken nicht im Hier und Jetzt und bekommt deshalb auch keine Informationen. Da wir oft in Gedanken abschweifen und uns nicht konzentrieren können, vermitteln wir unserem Unterbe-

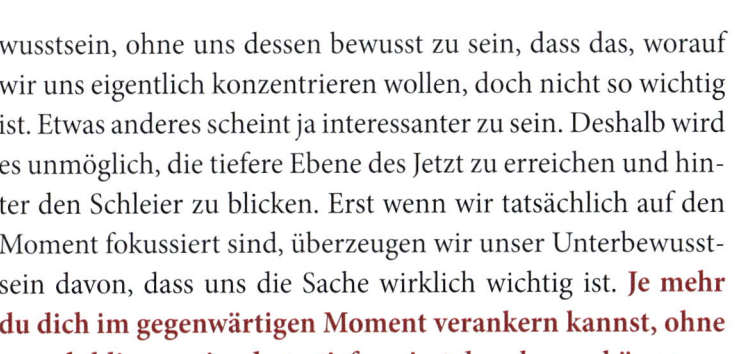

wusstsein, ohne uns dessen bewusst zu sein, dass das, worauf wir uns eigentlich konzentrieren wollen, doch nicht so wichtig ist. Etwas anderes scheint ja interessanter zu sein. Deshalb wird es unmöglich, die tiefere Ebene des Jetzt zu erreichen und hinter den Schleier zu blicken. Erst wenn wir tatsächlich auf den Moment fokussiert sind, überzeugen wir unser Unterbewusstsein davon, dass uns die Sache wirklich wichtig ist. **Je mehr du dich im gegenwärtigen Moment verankern kannst, ohne ungeduldig zu sein, desto tiefer wirst du schauen können.**

Vieles ist möglich, wenn wir erst einmal die Grundlagen unserer Intuition verstanden und erlernt haben. Wichtig ist als Allererstes, zu verinnerlichen, wie entscheidend eine achtsame und aufmerksame Einstellung dem Leben und allem gegenüber ist, was uns begegnet. Der Mensch, der feinsinniger wird, der an seinem Charakter arbeitet, daran, ein besserer Mensch zu werden, wird die schnellsten Fortschritte machen. Die Charakterbildung ist in der Arbeit mit der Intuition eine absolute Notwendigkeit. Denn wer mehr weiß, hat auch mehr Verantwortung. Er muss wissen, wie er mit dem Wahrgenommenen am besten umgeht. Er darf es nicht gegen die Menschen verwenden, denn dadurch würde er nicht nur ihnen schaden, sondern auch sich selbst. Jemand, der wohlwollend ist, hat leichteren Zugang zu tieferen Schichten der Wahrnehmung. Er baut weniger mentale und körperliche Anspannung auf, was es ihm einfacher macht, feiner und bewusster zu fühlen.

Möchtest du *wirklich* mehr wissen, mehr sehen, mehr fühlen?

Die Seelenkräfte werden entfesselt, wenn du deine Feinsinnigkeit schulst. Verfeinerung bedeutet auch, dass sich der Charakter weiterentwickelt. Wenn deine Motivation, die Seelenkräfte zu entwickeln, einer tiefen Sehnsucht nach mehr Verbundenheit und Weisheit entspringt, wirst du wahre Fortschritte machen und der tieferen Wahrheit des Lebens auf die Spur kommen. Alles entfaltet sich dann ganz lebendig und findet seinen natürlichen Platz. Du versuchst nicht, Dinge zu erzwingen, nur weil das Ego es möchte.

Es gibt jedoch auch Menschen, die nicht lernen möchten, was in anderen vorgeht, um in größerem Einklang mit ihnen und der Welt zu sein, sondern, um Kontrolle und Macht ausüben zu können. Sie eignen sich manipulative Techniken an, die ihnen dabei helfen sollen, Menschen besser zu lesen und zu durchschauen. Dieses manipulative, berechnende Vorgehen ist sehr problematisch und schädlich. Es muss zwangsläufig scheitern und wird sich letztlich gegen jene richten, die es anwenden. Denn wir können andere nicht ausnutzen und missbrauchen, um Vorteile zu gewinnen, und uns selbst dabei Gutes tun. Oberflächlich mag es aussehen, als würden Menschen damit Erfolg haben, aber wenn wir tiefer schauen, sehen wir in ihnen nur eine innere Wüste. Aus diesem Grund ist es gut, dass die großen Geheimnisse des Seins verborgen sind und sich das Wertvolle erst durch die innere Reinigung und Läuterung offenbart. So sind wir in der Lage, verantwortungsvoll mit außersinnlichen Fähigkeiten umzugehen. Denn es wäre gar nicht wünschenswert, dass ein grober oder grausamer Mensch erfährt, was seine Mitmenschen denken und fühlen. Anstatt das erworbene Wissen für die Heilung der Nächsten zu verwenden, würde er es nutzen, um anderen zu schaden und seine Macht zu stärken.

Was du hinter dem Schleier der materiellen Welt erblickst, wenn du deine höheren Zentren aktiviert hast, könnte dich verunsichern und erschrecken. Wie gehst du damit um, wenn du tatsächlich siehst, was vorher verborgen war? Wenn du nicht in der Liebe und in der Vernunft gleichzeitig zu Hause bist, wie sollst du dann mit höheren Kräften umgehen können? Weisheit kann dir helfen, das Gesehene einzuordnen und innerlich zu verarbeiten, ohne in Panik oder Angst zu verfallen. Sie ist die Folge von gelebter Liebe und Vernunft. Wenn die übersinnliche Wahrnehmung auf natürlichem Weg freigelegt wird, Schicht für Schicht, kannst du dich in aller Ruhe darauf einstellen. Wenn alles im harmonischen Rhythmus passiert, musst du keine Befürchtung haben, dass du die Kontrolle verlierst.

Du solltest dir also genau überlegen, warum du deine Seelenkräfte erwecken möchtest. Ist es, um Macht über andere Menschen zu bekommen, sie zu manipulieren und nach eigenen Wünschen zu lenken? Oder möchtest du ein besserer, bewussterer Mensch werden? Im ersten Fall würdest du dir keinen Gefallen tun. Denn alles, was du anderen zufügst, richtet sich schon in dem Moment gegen dich, in dem du diese unguten Gedanken auch nur denkst. Ganz zu schweigen von der Tat selbst. Jeder destruktive Gedanke bewirkt eine Anspannung deines Körpers, die du normalerweise zu Beginn nicht wahrnimmst. Aber jeder Gedanke ist sofort Teil des Systems, Teil deines Seins. Es ist dann nur eine Frage der Zeit, wann die

angesammelte destruktive Energie den Körper stärker beeinträchtigt. Ein bewusster Mensch ist schon alarmiert, wenn er sich kleinen destruktiven, emotionalen Eskapaden hingibt. Er spürt, ob etwas gut oder schlecht ist. Es muss nicht erst zum Äußersten kommen, damit er einen anderen Weg einschlägt. Aber je unbewusster wir sind, desto heftiger muss die Ermahnung sein, denn kleine Warnungen und Zeichen übersehen wir häufig. Sie haben keinen Einfluss auf uns.

Bedenke stets: Alles ist miteinander verflochten und verwoben. Jede Energie, die du aussendest, fällt auf dich zurück, und zwar in dem Moment, in dem du einen Gedanken formst. Wenn du konstruktiv, voller Liebe, Verständnis und Weisheit bist, wird dir viel Energie zur Verfügung stehen, die dir immer mehr Gesundheit und Glück schenkt. Ist ein Mensch dagegen voller Hass, Misstrauen, Ablehnung, Angst und Sorge, dann wird er nach unten gedrückt, kann kaum atmen, fühlt sich kraft- und energielos. Ihm fehlt Lebensenergie. Dann versucht er in seiner Verzweiflung, auf künstlichen, ungesunden Wegen an die Lebenskraft zu gelangen. Er wird manipulativ, narzisstisch, gleichgültig.

Der erste Schritt zur Ausgeglichenheit ist der Weg nach innen. Fühlen, den Atem frei fließen lassen und loslassen ermöglichen es der Lebenskraft in uns, verstärkt zu strömen. Wir werden unabhängiger von einer äußeren Zufuhr, je mehr Ressourcen wir in unserem Inneren aktivieren. Früher haben wir uns vielleicht hauptsächlich traurig oder depressiv gefühlt. Deshalb hatten wir scheinbar keine Wahl zwischen Harmonie und Niedergedrücktheit. Der energielose Zustand war unsere einzige Möglichkeit, so dachten wir. Um überhaupt eine Wahl zu haben, brauchen wir also Optionen. Wenn das Herz sich weitet, Freude und Leichtigkeit spürbar werden, begegnen uns neue Erfahrungswelten, und wir können sie mit den alten vergleichen. Möchten wir wirklich so wie bisher weitermachen oder doch lieber den harmonischeren Weg einschlagen? Die Antwort fällt dann leicht. Solange aber unsere Seelenkräfte schlummern, kennen wir nichts als Begrenzung und Enge. Sie sind dann unsere einzige Option.

*Spüre das Ziehen und Sehnen des Herzens,
bis der Lebenssinn sich offenbart und
die höchsten Geheimnisse offen liegen.*

Empathie

Empathie ist die Fähigkeit, sich in die Gefühle, Gedanken und das Weltbild anderer Menschen hineinzuversetzen. Wenn du empathisch bist und deine Aufmerksamkeit auf eine Person richtest, dann fühlst du sie, als wärest du diese Person. Dann kannst du wahrnehmen, was sie wahrnimmt, fühlen, was sie fühlt.

Es ist aber nur möglich, empathisch zu sein, wenn du selbst feinfühlig bist. Falls du sehr rational bist und es gewohnt bist, die Dinge ausschließlich mit dem Verstand anzugehen, wird dir Empathie zunächst sehr fremd erscheinen. Du musst erst einmal lernen, dem Fühlen eine größere Rolle zuzusprechen, also dem ganz simplen Spüren dessen, was sich in jedem Augenblick zeigt. Wenn du es gewohnt bist, deine Gefühle zu unterdrücken, zu überspielen, zu leugnen, dann werden dir Empathie und Intuition wahrscheinlich erst einmal sehr abstrakt vorkommen und schwerfallen. Empathische Menschen sind stark fühlend und daher in der Regel auch sehr intuitiv.

Wenn du deine Empathie stärken möchtest, musst du wirkliches Interesse an deinem Gegenüber zeigen, musst zuhören und mitfühlen **wollen.** Das erfordert Zeit, Geduld und Gelassenheit. Wenn du innerlich unter Druck stehst – ob Zeit- oder Leistungsdruck –, wirst du kaum die Energie aufbringen können, dich deinem Gegenüber wahrhaft zu widmen. Dann wirst du ständig auf die Uhr schauen oder an anstehende Termine denken. Du wirst nicht die Geduld haben, dich ganz auf jemand anderen einzulassen. Erst wenn du selbst imstande bist, tief durchzuatmen und bis auf den gegenwärtigen Moment alles auszublenden, wird sich dir die Dimension des Fühlens offenbaren. Dann wirst du die Verbindung zum anderen viel tiefer spüren und dadurch auch realisieren, dass er mit mehr als nur mit Worten kommuniziert.

Auch wenn jemand nicht spricht, so kommuniziert er doch ständig – nonverbal, allein durch seine Gegenwart. Denn wir alle schwingen ganz individuell. Diese Schwingung ist das Resultat aller Gedanken, Gefühle und Erlebnisse, die wir jemals hatten. Das alles ist spürbar für die, die feinsinnig sind, die es nicht eilig haben und ganz bei sich und dem gegenwärtigen Moment sind.

Unsere Kultur lehrt uns, viel Unnützes in kürzester Zeit zu erreichen, aber nicht, wie wir Relevantes in der Zeit verwirklichen, die es eben braucht, bis etwas Sinnvolles und Gutes heranreift. Wir wollen Informationen, Daten, konkrete Ergebnisse, keine tieferen Wahrheiten, keine Prozesse und keine wahre Entfaltung. Denn wir haben noch so viel vor, da können wir nicht die Aufmerksamkeit aufbringen, eine Situation in ihrer ganzen Tiefe zu erfassen. Aber Empathie braucht Zeit, Raum und Geduld.

Wenn du ganz im Hier und Jetzt bist, hast du das Gefühl, dass Zeit nicht mehr existiert. **Der gegenwärtige Moment ist alles, was zählt.** Dieser eine Mensch, mit dem du gerade zusammen bist, ist das Zentrum deiner Aufmerksamkeit. Du atmest ruhig und tief. Deine Schultern, dein Nacken, dein Kiefer und deine Gesichtsmuskeln sind entspannt. Du lässt dich von Moment zu Moment führen, fühlst das ewige Sein. Dein Gegenüber merkt, dass auch er sich erlauben kann, loszulassen, und die

Atmosphäre wird freundlich, wohlwollend, offen. Ohne gedankliche To-do-Liste, ohne Hektik und Erwartungen stellst du dich auf den anderen ein. Er hat jetzt die Möglichkeit, ganz in seiner Energie zu sein, während er mit dir zusammen ist. Solange du selbst unruhig und ungeduldig warst, konnte er sich nicht in seiner ganzen Energie zeigen. Es waren nur Bruchstücke, Abspaltungen, gerade ausreichend, um Banalitäten und Oberflächlichkeiten auszutauschen. Aber wenn wir entspannt und offen sind, kann sich auch Bedeutungsvolles zeigen, und wir können in unserer Essenz berührt werden. Dann fühlen wir uns sicher und verstanden, und das schenkt Vertrauen und Freude. Denn wir sehnen uns danach, als lebendiges und wichtiges Wesen anerkannt zu werden. Das bedeutet, die Ebene des seichten Oberflächlichen zu verlassen und hinabzutauchen in das Gebiet der seelischen Kräfte.

Wenn du dich nur auf der Oberfläche aufhältst, hat auch deine Atmung wenig Volumen und Tiefe. Ein flacher Atem bedeutet, dass du wenig Leben in dich hereinströmen lässt. Dein ganzer Körper ist dadurch unterversorgt und kann nicht optimal arbeiten. Wo wenig Leben ist, da neigen wir dazu, uns selbst und andere nicht wirklich wahrzunehmen. Du liebst und achtest dich dann selbst nicht, gehst mit dir um, als wärest du nur halb lebendig, als spielten deine Gefühle und deine Wahrnehmungen keine Rolle.

Wenn du dagegen tief atmest, nimmst du mehr Raum in Anspruch. Aber gestattest du dir das? Darfst du so viel Raum einnehmen? Bist du es wirklich wert, dass so viel Leben durch dich strömt? Die Antwort lautet: »Ja!« Atmen ist Leben, Lebensenergie, Vitalität. Durch deine Atmung nimmst du die Kraft auf, die dein Körper und dein Geist brauchen, um optimal zu wirken. Was passiert, wenn du dich traust, tief zu atmen und damit mehr Leben zuzulassen? Du spürst mehr Bedeutung, mehr Sein und weniger Zweifel. Freude strömt wieder, und du merkst, dass es schön ist, zu sein, einfach so, ohne einen Grund. Und du beginnst, auch die Gegenwart anderer wertzuschätzen und zu genießen. Du hörst auf, Menschen danach zu beurteilen, ob sie dir nützlich sein können oder nicht. Du erkennst, dass dir jederzeit mehr Freude am Sein zugänglich ist. Dass du nicht erst etwas leisten musst, um dir das Recht auf Leben, auf Freude zu verdienen. Freude ist mit jedem einzelnen Atemzug, in jedem einzelnen Moment möglich. Und aufgrund dieser Gewissheit kommt tief in dir etwas zur Ruhe. Das ständige Auf-der-Hut-Sein, bereit zum nächsten Sprung, zur nächsten Aktion, ohne Pause, ohne Innehalten, all das legt sich. Der Stress nimmt ab. Du kannst dich wieder spüren. Und in diesem Spüren kommt Freude auf. In diesem Raum der Gelassenheit fühlst du, wie du dich ausdehnst. Du beginnst, alles um dich herum intensiv wahrzunehmen.

Je mehr du dich in den gegenwärtigen Moment hineinfallen lässt, desto weiter wird deine Wahrnehmung der Außenwelt. Wenn du das ausgiebig trainierst, verwischen die Grenzen zwischen Außen und Innen. Das, was vorher getrennt schien, steht nicht mehr allein. Du nimmst wahr, dass es mehr zu entdecken gibt, dass unsere Existenz bedeutender und vielschichtiger ist, als du annahmst. Wir sind energetisch miteinander verbunden. Wenn du lernst, dir selbst Raum und Zeit zu geben, wirst du ganz von selbst empathisch. Du musst dir nur gestatten, den Moment auszukosten, anstatt ständig auf der Jagd nach neuen Erlebnissen zu sein.

Wenn du übst, die Präsenz des anderen ganz bewusst zu spüren, achte darauf, dich trotz deiner Aufmerksamkeit und Konzentration völlig zu entspannen. Vergiss Resultate und Leistungsdruck. Je lockerer du an die Angelegenheit herangehst, desto besser wird es funktionieren.

Empathie ist eine Notwendigkeit, wenn wir ein harmonisches Leben führen wollen. Wenn du den anderen fühlst wie dich selbst, wirst du ihm keinen Schaden zufügen. Es ist leicht, andere zu verletzen, weil wir eben so sehr abgeschnitten sind vom Fühlen. Wir glauben, dass wir es bloß anderen zufügen, nicht uns selbst. Aber schon allein die blockierende, destruktive Energie, die du aussendest, wendet sich sogleich gegen dich, nur nimmst du das nicht wahr. Empathische Menschen fühlen ganz genau, wie sich ihre Gedanken, Worte und Taten auf sie selbst auswirken. Sie nehmen die Perspektive des anderen zur Kenntnis, können mit den Augen des anderen sehen und verstehen dadurch seinen Standpunkt. Das bedeutet nicht, dass ein empathischer Mensch alles gut findet, erduldet und toleriert, was sein Gegenüber tut. Es heißt einfach nur, dass er ihn versteht.

Häufig setzen wir Fühlen mit Schwäche gleich. Denn zu oft haben wir beobachtet, wie mitfühlende, liebevolle Menschen ausgenutzt und missbraucht wurden. Grenzen wurden überschritten, der Missbrauch war häufig für alle offensichtlich außer denjenigen, der ihn zu erleiden hatte. Anscheinend, so schlussfolgerten wir, macht Liebe blind und machen Gefühle dumm. Am besten ist es also, erst gar keine Gefühle aufkommen zu lassen, so sind wir vor Verletzungen geschützt. Die Lösung ist aber nicht, das Fühlen ganz zu verbannen, sondern neben dem Fühlen auch das Denken einzusetzen.

ca. 15 Minuten

Übung: Den Brustkorb öffnen, um wieder mehr zu fühlen

Platziere ein Meditationskissen oder eine zusammengefaltete Decke auf einer Unterlage und lege dich so darauf, dass diese Polsterung unter deinem Rücken auf der Höhe deines Brustkorbes liegt. Sie sollte so beschaffen sein, dass du eine angenehme Dehnung im Brustkorb spürst. Dabei sollte dieser höher liegen als dein Kopf. Lege deine Beine etwa hüftbreit auseinander, sie sind gestreckt und entspannt. Strecke deine Arme nach rechts und links aus, sodass sie einen rechten Winkel zum Körper bilden. Wenn dir diese Position unangenehm ist, platziere deine Arme ausgestreckt etwas tiefer. Lasse deinen Kiefer locker, und atme entspannt durch den Mund.

Fühle, wie sich dein Brustkorb beim Einatmen dehnt, und erlaube dir, dein Herz ganz bewusst zu spüren. Verändere deinen Atem nicht gezielt. Du musst dich nicht bemühen, tiefer zu atmen. Das geschieht von selbst, sobald du den Brustkorb dehnst. Das Bindegewebe wird gestreckt, was deiner Lunge mehr Raum verschafft.

Verbleibe in dieser Position etwa 15 Minuten lang. Du kannst die Höhe der Polsterung anpassen, wenn dein Rücken sich nach einiger Zeit doch unangenehm anfühlt. Denn das beste Resultat erzielst du, wenn Spannung und Entspannung die ganze Zeit über im Gleichgewicht sind.

Achte während der Übung auf deine Gefühle. Was macht die Übung auf emotionaler Ebene mit dir? Falls sich unschöne Empfindungen einstellen, sei nicht besorgt. Die unterdrückten, vergessenen Gefühle kommen an die Oberfläche, und du kannst sie nun spüren. Atme in diese Empfindungen hinein. Beiße dich nicht daran fest, sondern stelle dir vor, wie du sie mit dem Ausatmen entlässt. Gib sie frei. Fühle, und lasse los.

Der Brustraum ist der Bereich in unserem Körper, in dem wir die Liebe fühlen. Hier liegt das Herzchakra, im Yoga auch Anahata-Chakra genannt. Wenn dieses Energiezentrum aktiv ist, durchströmt uns ein warmes, wohliges Gefühl, und wir fühlen Liebe und Verbundenheit. Wenn unser Herz oft verletzt wurde, verschließen wir unser Herzchakra häufig, um es zu schützen. Auf körperlicher Ebene werden unsere Schultern dabei nach vorn gezogen und unser Rücken gekrümmt. Die Muskulatur ist dann im gesamten Oberkörper und Kopfbereich, also im Kiefer, in den Schultern, im Nacken und im Brustkorb, verkürzt. In der vorgestellten Übung öffnen wir diesen traumatisierten Herzensraum. Die Gefühle, die nun aufkommen, hattest du lange verdrängt und dich vor ihnen verschlossen, weil sie dir so sehr wehgetan haben. Aber um sie endgültig gehen lassen zu können, musst du dich ihnen zuwenden und sie einfach zulassen. Da du jetzt die Rolle des Beobachters einnehmen kannst, fällt dir dies viel leichter. Damals konntest du diesen Abstand noch nicht herstellen und hast dich schnell mit den traumatischen Gefühlen identifiziert. Du hattest scheinbar keine andere Möglichkeit, als sie ins Unterbewusstsein zu sperren. Dadurch bildete sich in dir eine Blockade. Jetzt kannst du das Verdrängte im Licht des Bewusstseins noch einmal anschauen und auflösen, während du dich sicher und geborgen fühlst. Du musst nicht wissen, was genau die Verletzung verursacht hat. Wichtig ist, dass du deinen Brustraum dehnst, um so die Emotionen, die dort festgehalten werden, automatisch zu befreien. So können sie nicht mehr als Energieräuber in dir wirken. Du bekommst neue Kraft und kannst freier und feiner fühlen.

Fühlen, Empathie und Intuition gehen Hand in Hand. Um tiefere Schichten der Wahrnehmung öffnen zu können, müssen wir lernen, uns wieder ganz und gar zu spüren. Und zwar mit allem, was da ist. Nimm dir einige Minuten Zeit, und widme dich deinen Empfindungen. Die vorgestellte Übung kann dir dabei sehr gut helfen. Wenn du sie regelmäßig machst, wirst du merken, dass du im Alltag ebenfalls bewusster und wacher für deine Gefühle bist. Du bekommst mehr Abstand zu dem, was du erlebst, anstatt dich im Drama zu verlieren, wie es früher vielleicht der Fall war. Dein innerer Beobachter wird auf diese Weise immer aktiver.

Sei bereit, nach innen zu gehen und zu fühlen, was auch immer sich dir im aktuellen Moment zeigt – nicht leugnen und verdrängen, sondern mutig anschauen. Auch wenn du vielleicht zunächst nur Leere spürst, nimm sie bewusst wahr. Du wirst schon bald merken, dass eine Schicht tiefer viel mehr liegt. Wenn du übst, den Moment ganz zuzulassen und dich dabei entspannst, werden sich nach und nach die emotionalen Knoten und mit ihnen auch deine körperlichen Blockaden lösen. Du wirst insgesamt empfänglicher und empfindsamer. Es fällt dir immer leichter, Gefühle bewusst wahrzunehmen. Die Empathie erwacht dann ganz von selbst. Du beginnst, die anderen um dich herum viel stärker zu fühlen und kannst deshalb Situationen leichter einschätzen. Und all das Gute hat begonnen, als du dich entschieden hast, wieder mehr zu fühlen.

Übung: Energien im Körper fließen lassen

Setze dich aufrecht auf einen Stuhl. Nimm deine Schultern locker nach hinten. Dein Kiefer und deine Zähne sind entspannt. Hebe dein Kinn leicht an. Lege deine Hände auf deine Oberschenkel, die Handflächen zeigen nach oben.

Atme durch den geöffneten Mund in deinen oberen Brustkorb hinein. Zähle beim Ein- und beim Ausatmen jeweils bis 10, und stelle dir dabei vor, wie du mit jedem Atemzug reine Energie und Vitalität in dich aufnimmst und diese beim Ausatmen in jede Zelle deines Körpers fließen lässt.

Hier zwei Hinweise:
Viele Menschen mögen es nicht, wenn ihre Handflächen in der eben beschriebenen Position geöffnet sind. Es gibt ihnen das Gefühl, zu empfänglich und verletzlich zu sein. Sie meinen, es gäbe ihnen mehr Stabilität und Festigkeit, wenn sie die Handflächen nach unten auf den Oberschenkeln ablegen. Dabei werden die Schultern aber automatisch nach vorn gezogen, und der Brustkorb wird etwas enger. Es handelt sich hierbei nur um wenige Millimeter, aber daran wird deutlich, wie wenig es braucht, um das Empfinden zu verändern. Wir wollen, dass der Brustkorb freier ist und die Schultern leicht nach hinten gezogen sind. Dadurch haben Herz und Lunge mehr Raum. Die Atmung wird augenblicklich tiefer. Deshalb achte darauf, dass deine Hände nach oben zeigen, wenn du sie auf den Oberschenkeln ablegst.

Und warum atmen wir bei dieser Übung durch den Mund und nicht durch die Nase? Bei der Nasenatmung wird feine, subtile Energie aufgenommen, im Yoga sagen wir auch »Prana« dazu. Gerade an den Naseninnenwänden wird die Energie optimal absorbiert. Wenn du allerdings innerlich voller Spannungen bist und diese kaum zu ertragen sind, sobald du dich hinsetzt, hilft die Mundatmung. Sie sorgt dafür, dass du etwas von deiner inneren Anspannung loslassen kannst. Der Kiefer öffnet sich, wenn du durch deinen Mund atmest. Gleichzeitig entspannst du den Nacken- und Schulterbereich.

Es kann zunächst sehr ungewohnt sein, sowohl den Kiefer zu lockern als auch durch den Mund zu atmen, denn wir sind es gewohnt, bei innerem Stress Brustkorb, Schultern und Kiefer anzuspannen. Unbewusst glauben wir, auf diese Weise unangenehme Gefühle abzublocken und uns zu schützen. Unsere Atmung ist dann blockiert, der Körper lässt weniger Lebenskraft herein. Nur ein bisschen, tropfenweise, gerade so viel, dass es zum bloßen Existieren ausreicht. Durch die Lockerung des Kiefers werden automatisch Nacken und Schultern weicher und dadurch dann auch der obere Brustkorb. Diese Bereiche sind alle muskulär und durch Faszien miteinander verknüpft.

Wir sollten im Alltag, sobald wir spüren, dass wir die Zähne in einer stressigen Situation zusammenbeißen, üben, bewusst wieder locker zu lassen. Oft bemerken wir erst beim Üben, wie sehr wir hier verkrampfen. Nach und nach wird der Körper somit ein neues Verhalten lernen und in stressigen Momenten nicht sofort mit Verspannung reagieren. Wenn die Anspannung sich über Jahre aufgebaut hat, das Gewebe dadurch verhärtet ist, brauchen wir ein bisschen Geduld, um es wieder zu lockern.

Um mehr fühlen zu können und unsere Seele wieder wahrzunehmen, sollten wir also darauf achten, dass wir bewusster mit unserem Körper umgehen. Zu viel Druck und Stress führen dazu, dass wir uns innerlich abschotten und nur noch funktionieren, ohne wirklich zu leben.

Wenn wir lernen, uns selbst und anderen mehr Zeit und Raum zu geben, werden wir immer feinfühliger und achtsamer in unserer Wahrnehmung. Durch das entspannte und fokussierte Verweilen im Hier und Jetzt beginnen wir, uns und unsere Umgebung stärker zu spüren. Unsere Seelenkräfte entfalten sich dann ganz natürlich. Wir durchdringen die gegenwärtige Situation ohne Stress und Druck. Das tun wir mit unserer fokussierten und zur selben Zeit auch ruhigen Energie. Beide sind notwendig. Wenn du nur konzentriert bist, ohne innerlich ruhig zu sein, reagierst du schnell mit Gereiztheit und Stress auf Menschen und Situationen. Du möchtest dann unbedingt Resultate sehen und bist frustriert, weil etwas nicht funktioniert. Wenn du auf der anderen Seite nur entspannt und nicht auch konzentriert bist, bist du zerstreut, müde und schlaff. Damit unsere Seelenkräfte erwachen, brauchen wir daher die lebendige Sonnenkraft und die passive Mondkraft. Im Yoga sprechen wir auch von Ha (Sonne) und Tha (Mond). Hatha-Yoga ist das ursprüngliche Yoga, das zum Ziel hat, diese zwei Kräfte auszugleichen. **Alle Yogaübungen streben die Aktivierung dieser grundlegenden Kräfte an. Sobald sie in Harmonie sind, betreten wir tiefere, feinere Ebenen der Erfahrung.**

Wenn die Urkraft bis zum Herzen durchdringt, wird die einst so ungeschliffene, rohe Energie feiner, zarter und hat doch mehr Kraft als je zuvor.

Das Yin-Prinzip

Yin ist die sanfte, fühlende, annehmende Energie im Universum und im Menschen. Es ist die Ruhe, die Raum- und Zeitlosigkeit. Schweben, Spielen, Kreativität. Yin ist das Mondprinzip, das Weibliche, das jeder Mensch, egal, ob Mann oder Frau, in sich trägt. Es erlaubt uns, ganz im Hier und Jetzt zu sein. Mit dieser Energie fühlen wir uns vollkommen im gegenwärtigen Moment, sind glücklich und zufrieden, einfach dadurch, dass wir **sind.** Das Yin ist auch das Mütterliche, das bedingungslos liebt, nährt und tröstet: »Alles ist gut, du bist geliebt. Du bist gut, so, wie du bist.« Das Yin-Prinzip umarmt uns im Inneren. Wir fühlen uns getragen und angenommen, wir lieben uns selbst und haben Gewissheit, dass wir auf einer tieferen Ebene der Existenz vollkommen akzeptiert werden. Yin schenkt Vertrauen und Sicherheit.

Es ist aber vielen Menschen leider nur wenig vertraut. Weder lieben sie sich selbst, noch können sie ihr Sein völlig genießen. Sie sagen: »Erst wenn dieses und jenes erreicht ist, werde ich fähig sein, mich anzunehmen. Bevor ich nicht ein anderer Mensch geworden bin, kann ich nicht geliebt werden.« Wenn dein Yin allerdings gestört ist, fühlst du dich nirgends sicher und zu Hause. Alles scheint fremd. Misstrauen und Unsicherheit bestimmen dann dein Leben.

Wenn wir hingegen in unserem Yin aufgehen, können wir genießen und uns an den Kleinigkeiten des Daseins erfreuen. Wir brauchen keine großen Dinge und Ereignisse, um uns lebendig zu fühlen. Selbst der Anblick eines klaren, blauen Himmels oder das Streicheln über ein Blütenblatt begeistern uns. Doch viele Menschen können solche Empfindungen nicht wahrnehmen. Ihr Leben muss knallen und explodieren, bevor sie dazu imstande sind, etwas zu fühlen. Sie sind zu abgestumpft, um sich an den kleinen Dingen des Seins zu erfreuen.

Das Yin ist Liebe und Mitgefühl. Es möchte alles umarmen und mit seiner Zuneigung trösten und heilen. Es weiß, wie man dichtet, tanzt, berührt und sich verbindet. Es ist kreativ, voller Einfälle und Enthusiasmus. Wann hast du das letzte Mal etwas ganz aus dem Herzen erschaffen, einfach, weil es dir Freude bereitete? In der Schule sind Fächer wie Kunst und Musik häufig zweitrangig. Yin-Qualitäten erscheinen nicht so relevant im Leben wie Yang-Eigenschaften: Kalkulieren, Kategorisieren, Analysieren. Mathematik, Physik, Chemie: Ausschließlich in diesen Fächern geht es, so wird uns vermittelt, um die wichtigen Dinge des Lebens. Freude, Liebe und Glück sind nicht die Themen, mit denen wir uns in Erziehungseinrichtungen ausgiebig beschäftigen. Und so müssen wir uns dann im Erwachsenenalter allein auf die Suche nach dem machen, was uns in der Kindheit aberzogen wurde.

Das Yang-Prinzip steht für Verbesserung, Streben, Lernen, Vorankommen. Anders als das Yin hat es Grenzen, es definiert und berechnet. Die Yang-Energie treibt uns dazu an, an unserem Charakter, an unseren Werten zu arbeiten. Wir sollen uns bewegen, denken, etwas schaffen. Yang ist analytisch, hierarchisch, strukturierend und urteilend. Wenn wir Yin als das Mütterliche in uns bezeichnen, verkörpert Yang das Väterliche. Dieses hilft uns, etwas auf die Beine zu stellen, hinaus in die Welt zu gehen und uns zu verwirklichen.
Die Mutter liebt ohne Wenn und Aber, der Vater wirkt auf der Ebene der Struktur. Um es bildlich zu veranschaulichen,

könnten wir sagen, die innere Mutter – beziehungsweise die weibliche Kraft – ist das kreative Bild, das vom inneren Vater – der männlichen Energie – in Form des schützenden Rahmens gehalten wird. Genauso müssten wir es allgemein im Leben halten: Yin beschenkt uns mit Schönheit, Liebe und Sinn, während Yang für Sicherheit, Struktur und Ordnung sorgt. Damit meine ich die inneren Kräfte, die beide in Mann und Frau vorhanden sind. Wir haben den weiblichen Aspekt aber an den Rand gedrängt und den Männlichen in den Vordergrund gestellt. Wir können auch sagen, wir kümmern uns mehr um den Rahmen als um das Bild, mehr um Struktur als um Sinn, Freude und Schönheit. Weil wir auf Denken und Tun mehr Wert legen als auf Fühlen und Sein, entgeht uns viel an Verbundenheit, Nähe und Kreativität.

Yin und Yang müssen gleichermaßen gelebt werden, damit wir uns vollständig und harmonisch fühlen. Die Sonnenkraft des Yang ist den meisten Menschen wohlvertraut. Strahlen, nach außen hin wirken, das wollen alle, das bringt Anerkennung und Zustimmung. Aber die Mondenergie? Was soll das sein? Wer will schon sein wie der Mond? Diese Kraft führt nach innen, bringt uns zur Ruhe. Doch häufig schätzen wir Stille erst dann, wenn wir ausgebrannt und nicht mehr in Harmonie sind. Für ein ausgeglichenes Leben brauchen wir beides, Verstand und Gefühl oder auch: Kalkulation und Intuition.

Erst wenn wir nach innen gehen, uns erlauben, still zu sein, wird sich für uns eine neue Erfahrungswelt auftun. Wenige Menschen in unserer Gesellschaft sind intuitiv, viele dagegen rational und physisch aktiv. Oft sogar so sehr, dass sie es zum Beispiel nicht schaffen, ohne Hilfsmittel einzuschlafen. Das Yang will sich einfach nicht auf Knopfdruck abstellen, so, wie das Yin nicht mit einem Fingerschnippen herbeizurufen ist. Zu viel von einer Energie und zu wenig von der anderen bedeutet, dass beide nicht gesund sind und wir ihre Kräfte nicht optimal nutzen können. Weil wir die Sonne so sehr lieben, den Mond aber ablehnen, also alles, was ruhig, langsam, still und tief ist, können wir zwar Ziele verfolgen und erreichen, aber wir können uns nicht wirklich am Leben erfreuen. Wir können das Erreichte nicht wirklich genießen. Und deshalb müssen wir immer noch mehr erlangen, stets in der Hoffnung, uns eines fernen Tages doch noch an den Früchten unseres Schaffens erfreuen zu können.

Das weibliche, mütterliche Prinzip möchte entdeckt werden, auf dass es uns heilen und mit Liebe überschütten kann. Wir fühlen uns dann weniger getrennt und einsam. Wir spüren, dass die ganze Welt von etwas zusammengehalten wird. Manche nennen es Gott, andere Tao oder Brahman oder Universum. Es ist eine Kraft, die alles durchströmt, alles verbindet und hält. Uns wird bewusst, dass Leben mehr ist, als wir dachten. Und wenn wir wieder mehr fühlen und der Mondkraft gestatten, zu wirken, beginnen all die Wunder, sich zu entfalten.

Wir können Gefühle eine gewisse Zeit unterdrücken und ignorieren, doch irgendwann streiken Körper und Geist. Aber wenn wir es aushalten, uns selbst zu begegnen und uns zu fragen: »Was verstecke ich vor mir selbst? Wovor habe ich solche Angst?«, wenn wir mutig und gleichzeitig sanft betrachten, was in uns aufkommt, haben wir schon einen Großteil der Arbeit geschafft. Die ersten Schritte sind immer die herausforderndsten: innehalten, genau hinsehen, fühlen.

ca. 30 Minuten

Übung: Waldspaziergang

Gehe bei schönem Wetter in einem Wald spazieren. Schalte dein Handy aus oder stumm, damit du nicht gestört wirst.

Werde beim Gehen immer langsamer, und mache jeden Schritt ganz bewusst und achtsam.

Schaue dir alles um dich herum genau an, die Natur, den Boden, die Tiere. Laufe nicht hektisch und ungeduldig umher, diese Zeit ist nur für dich. Sieh dir die Pflanzen, die dich umgeben, genau an. Welche Form haben sie, welche Farben? Vielleicht möchtest du sanft mit den Fingern über ihre Blätter streichen und die Oberfläche bewusst spüren. Wie duften die Pflanzen? Versuche, nicht darüber nachzudenken, wie eine bestimmte Pflanze heißt, sondern nimm sie einfach wahr, und lasse sie auf dich wirken. Wie fühlt sich ein Baum an? Fühlst du dich gestärkt, wenn du ihn ansiehst oder berührst? Zu welchen Pflanzen fühlst du dich besonders hingezogen? Welche Formen und Farben magst du intuitiv und welche weniger?

Bleibe dabei möglichst entspannt, und halte deinen Verstand zurück. Erlaube ihm nicht, zu analysieren und zu kategorisieren. Komme vom Denken ins Fühlen, und erlaube deiner Yin-Energie, frei zu fließen. Schlendere, lasse deine Arme locker baumeln, sei verspielt. Vermeide es, starr nach vorn zu schauen, und versuche, die Übung nicht bloß abzuarbeiten. Öffne deine Sinne für die Schönheit der Natur.

Wenn du merkst, dass du ungeduldig oder nervös wirst, atme tief und lang ein und aus, und verlangsame deine Geschwindigkeit noch ein wenig. Es macht nichts, wenn du kaum vom Fleck kommst, denn schneller ist nicht gleich besser. Langsamkeit ist in diesem Fall viel wirkungsvoller. Ziel ist es, dich an kleinen Dingen in der Tiefe zu erfreuen, statt unzählige Eindrücke zu sammeln und dich letztlich doch leer zu fühlen.

Da der Körper das langsame Tempo oft nicht kennt, wirst du vielleicht nervös werden oder dich nach kurzer Zeit langweilen. Es sind nicht die gewohnten grellen Reize, die dich dich scheinbar lebendig fühlen lassen, die dir hier in der Stille der Natur begegnen. Was passiert denn schon? Ein paar Blätter bewegen sich im Wind. Du hörst den Boden knirschen, wenn du auftrittst. Einige Vögeln zwitschern, und die Sonnenstrahlen scheinen durch die Baumkronen hindurch. Es fühlt sich vielleicht an, als würdest du Zeit verschwenden. Joggen oder mit dem Hund Gassi gehen wären doch viel sinnvoller. Wozu etwas tun, was keine klaren Ergebnisse bringt? Nimmst du solche Gedanken wahr, dann sei dir sicher, sie kommen von der dynamischen, aktiven Yang-Energie in dir. Lasse sie sich zurückziehen, und gestatte der ruhigen Yin-Kraft, das Feld zu betreten. Es ist wichtig, dass du keinen Zeitdruck hast, während du die Übung machst.

Nach und nach wirst du immer mehr loslassen können und das aufmerksame Gehen genießen. In der Natur passiert sehr viel, nur schauen und hören wir selten genau hin. Unsere Sinne sind zu abgestumpft, um die allgegenwärtige Natur als Quelle der Freude und Energie zu erleben. Es geht nicht darum, ständig neue Attraktionen zu finden, sondern darum, im

Alltäglichen das Besondere zu erspüren. **Das Yin hat Freude an Kleinigkeiten.**

Die Liebe, ein Ausdruck der Yin-Energie, fließt ganz selbstverständlich, wenn wir das Fühlen zulassen. Aber das fällt uns schwer – wegen zu vieler Blockaden, zu viel Widerstand, Verletzungen und Stress, die sich über Jahre hinweg aufgebaut haben. Das alles will nicht plötzlich verschwinden. Auf einer tieferen Ebene der Existenz sind wir vollkommen geliebt und gewollt. Natürlich können wir das nicht wissen und fühlen, wenn wir uns nur an der Oberfläche aufhalten. Wir sind dann rastlos und unglücklich, versuchen ständig, unsere innere Leere zu überspielen. Wir glauben oft nicht, dass wir es wert sind, geliebt zu werden. Uns fallen viele Gründe ein, warum wie die Liebe nicht verdienen. Aber ich möchte dich dazu einladen, die Liebe mehr als eine unpersönliche Urkraft zu betrachten. Sie ist immer da, und du kannst jederzeit in ihre Arme sinken, wenn du es dir stark ersehnst. Du kannst zur Quelle zurückgehen, dahin, wo die Liebe herkommt. **Die Liebe als Urkraft hat dich nie enttäuscht und nie verlassen.** Wir selbst können Liebe mal mehr und mal weniger verkörpern, aber sie selbst ist und bleibt vollkommen.

Wenn wir sagen: »Du bist gut, wie du bist, du musst nichts verändern, um geliebt zu sein«, so meinen wir dieses liebende (mütterliche) Urprinzip. Hier ist alles gut und muss nicht verbessert werden. Es gibt keinen Zweifel daran, dass wir liebenswert sind. Es gibt auch keine Möglichkeit und keinen Grund, uns liebenswerter zu machen. Wir sind vollkommen, so, wie wir sind, als Teil des Ganzen, absolut willkommen und umarmt.

Aber bedeutet das nun, dass es rein gar nichts mehr an uns zu verbessern gibt? Wir sollten natürlich nicht das Vater-Prinzip vergessen, das für Verbesserung steht. Hand in Hand mit der Liebe führt der Versuch, uns oder etwas zu verbessern, zum Erfolg. Wir entdecken dann spielerisch, lernen und wachsen, weil es uns Freude macht. Doch ohne die Liebe glauben wir, den vermeintlichen Mangel nur durch übermäßige Aktivität kompensieren zu können.

Immer dann, wenn wir uns ganz auf eine Sache einlassen und alles andere ausblenden, gehen wir mit unserer Wahrnehmung nach innen. Aber das Fokussieren auf das eine ist dabei nicht zwanghaft, sondern spielerisch. Wir betrachten das Blütenblatt ohne eine Absicht. Wir sind einfach da, schauen, fühlen. Das ist alles. Ganz ohne Leistungsdruck. **Es gibt im Yin nichts zu leisten. Es ist ohne Anfang und Ende, es ist reines Fühlen ohne Urteilen.** Natürlich sind Urteile wichtig, aber wir wollen an dieser Stelle die Energie des Yin aktivieren und weniger mit dem Yang arbeiten.

Das absichtslose Verweilen in der Natur, das die vorgestellte Übung anregt, ist einfach und doch nicht einfach. Innere Anspannungen können dich dabei behindern, dem gegenwärtigen Moment mit Freude zu begegnen. Du fühlst dich unwohl in deiner eigenen Energie und bist nervös. Aber jedes Mal, wenn du loslässt und bereit bist, den Moment dennoch an dich heranzulassen, schmilzt etwas von der Anspannung, die zusammengezogenen Faszien und die verhärtete Muskulatur geben nach. Minimal zwar, aber wenn du das regelmäßig übst, werden dein Körper und dein Geist immer mehr Anspannung loslassen und zur Ruhe kommen.

ca. 10 Minuten

Übung: Einseitige Nasenatmung, um die Yin-Energie zu stärken

Setze dich im Schneidersitz auf den Boden. Falls du so nicht angenehm sitzen kannst, lehne dich an eine Wand. Dadurch kannst du deinen Rücken etwas stützen. In diesem Fall kannst du deine Beine auch ausstrecken. Setze dich auf ein Kissen, wenn du es bequemer haben möchtest. Das stabilisiert den Rücken und erleichtert es dir, ihn gerade zu halten. Wichtig ist, dass dein Rücken aufgerichtet ist und nicht zusammensackt. Du kannst dich auch auf einen Stuhl setzen. Schiebe den unteren Rücken gegen die Stuhllehne, sodass du kein Hohlkreuz hast, und richte auch hier den Rücken auf.

Entspanne deine Gesichtsmuskulatur und deine Schultern. Schiebe die Schultern etwas nach hinten, das öffnet deinen Brustraum.

Atme durch die Nase, und nimm wahr, wie dein Atem durch die Nasenflügel ein- und ausströmt. Verändere deinen Atem zunächst nicht. Beobachte einfach nur, und spüre nach, ob deine Ein- oder deine Ausatmung länger ist.

Dann verschließe mit dem Daumen der rechten Hand das rechte Nasenloch, und atme ausschließlich durch das linke Nasenloch ein und aus. Versuche, sonst nichts an deiner Atmung zu verändern, weder das Tempo noch den Rhythmus. Du musst nicht bewusst besonders tief atmen. Das passiert ganz von allein, sobald du dich entspannst und einfach nur deinen Atem beobachtest.

Die gesamte linke Körperhälfte wird von der rechten Gehirnhälfte gelenkt und die rechte Körperhälfte von der linken Gehirnhälfte. Der linken Seite des Gehirns werden primär Funktionen wie Logik, analytische und lineare Denkvorgänge zugeordnet. Hier befindet sich zudem das Sprach- und Hörzentrum. Die rechte Gehirnhälfte dagegen verarbeitet kreative, ganzheitliche und intuitive Prozesse. Wenn du eine Weile, wie bei der gerade vorgestellten Übung, ausschließlich durch das linke Nasenloch ein- und ausatmest, werden die Gehirnregionen auf der rechten Seite aktiviert: also die Yin-Energie, das ganzheitliche Wahrnehmen, Intuition, Gefühle usw.

Wenn du das logische, systematische Denken anregen willst, weil es das ist, was du gerade stärker brauchst, kannst du, anstatt das rechte Nasenloch zu verschließen, das linke, dieses Mal mit dem Ringfinger der rechten Hand, schließen und einige Minuten ausschließlich durch das rechte Nasenloch atmen. Regelmäßig praktiziert, versorgt das deine linke Gehirnhälfte verstärkt mit Lebensenergie und regt das analytische, logische Erfassen und Verarbeiten an.

Der Atem fließt nicht immer gleichmäßig durch beide Nasenflügel. Wenn wir unseren Atem genauer beobachten, stellen wir fest, dass ein Nasenflügel in der Regel aktiver ist als der andere. Das wechselt etwa alle 60–80 Minuten. Das bedeutet, dass wir täglich viele Male von einem Modus zum anderen wechseln. Wenn der Atem über einen längeren Zeitraum durch das linke Nasenloch fließt, sind wir eher in unserer Yin-Kraft, und wenn der Atem verstärkt durch das rechte Nasenloch fließt, ist die Yang-Kraft aktiver. Dieser Wechsel ist natürlich subtil und nicht so, dass du jede Stunde von einem Extrem ins andere fällst. Durch bestimmte Atemübungen im Yoga, auch Pranayama genannt, kannst du die Yin- und Yang-Energien gezielt ins Gleichgewicht bringen.

Ein anderer Tipp, wie du die gewünschte Energie aktivieren kannst: Wenn du auf der rechten Seite liegst, atmest du verstärkt durch das oben liegende, linke Nasenloch – umgekehrt atmest du durch das rechte Nasenloch, wenn du auf der linken Seite liegst. Das kannst du für dich nutzen, indem du deine Schlafposition beim Einschlafen beachtest: Wenn du immer auf der linken Seite einschläfst, aktivierst du automatisch die rationale und logische Seite deines Gehirns, weil du vor allem durch das rechte Nasenloch atmest. Wenn du deine Intuition, deine Liebe und dein Mitgefühl anregen willst, lege dich öfter auf die rechte Körperseite.

Der Fokus – eine Kraft des Yang

Wie wir schon im Kapitel »Das Yin-Prinzip« erfahren haben, spielt sowohl das Weibliche als auch das Männliche in uns eine große Rolle bei der Entfaltung der Seelenkräfte. Auf den ersten Blick scheint es vielleicht, als sei dafür ausschließlich die ruhige Energie notwendig, doch ohne die polare Energie funktioniert es nicht. **In welcher Art zeigt sich dabei die aktive Kraft?**

Das Aktive spielt unter anderem für den Fokus, die Aufmerksamkeit, das Wachsein eine Rolle. Wenn du dich nur kurze Zeit konzentrieren kannst, dann wirst du kaum fähig sein, tiefere innere Schichten freizulegen und zu erforschen. Wenn du gerade einmal genug Aufmerksamkeit aufbringen kannst, um das Notwendigste zu leisten, wird auch das Leben dir gerade einmal das Notwendigste zurückgeben. Wie lange kannst du dich auf etwas konzentrieren, ohne zu ermüden, gelangweilt und erschöpft zu sein? Springst du ständig von einer Sache zur anderen, ohne wirklich jemals in die Tiefe zu gehen? Fängst du immer wieder neue Projekte an und beendest sie nicht? Fehlen dir die Geduld und die Fähigkeit, dich lange zu konzentrieren, wirst du die Dinge niemals in ihrer ganzen Komplexität erfassen können – und nicht nur Dinge, sondern auch Menschen und gerade dich selbst. Wie sollst du dich oder andere in der Tiefe kennenlernen, wenn du nicht die Energie und Geduld hast, längere Zeit konzentriert zu bleiben?

Der Fokus, den wir im Alltag aufbringen, ist eher aggressiv und fordernd. Ihm fehlt die weiche Energie der Ruhe und Gelassenheit. Erst wenn diese dazukommt, führt der Fokus in die Tiefe. Ansonsten bleibt er oberflächlich.

ca. 20 Minuten

Übung: Fokussiertes Lesen

Besorge dir ein Buch zu einem Thema, das dich wirklich interessiert, am besten ein Sach- oder Fachbuch, und nimm dir vor, jeden Tag etwa 10 Minuten darin zu lesen. Lies am besten laut, um wach und konzentriert zu bleiben.

Schreibe am Ende eine kurze Zusammenfassung des Gelesenen. Versuche, nur aus deiner Erinnerung zu schreiben und nicht noch einmal im Buch nachzusehen.

Wenn du fertig bist, kannst du den gelesenen Text noch einmal durchgehen, um zu sehen, wie viel du dir merken konntest.

Diese Übung stärkt deine Konzentration und deinen Fokus, wodurch deine Gedanken gebündelt werden und weniger unkontrolliert herumwandern. Die Ausrichtung auf eine bestimmte Sache über einen längeren Zeitraum ist Voraussetzung dafür, die innere Dimension besser kennenzulernen, denn du kannst nicht nach innen abtauchen, wenn du im Außen ganz zerstreut bist.

Auch dein Körper kann bei dieser Übung entspannen. Es gibt keinen Grund, zum Beispiel deine Schultern oder deinen Kiefer anzuspannen, bloß weil du versuchst, dich zu konzentrieren. Wir verspannen uns häufig bei mentalen Tätigkeiten, die unsere ganze Aufmerksamkeit erfordern. Ganz besonders betroffen sind dabei Kiefer, Augen und Schultern.

Die folgende Übung kann dir dabei helfen, Abstand von deinen Gedanken zu bekommen und dadurch mehr Ruhe zu erfahren. Sie legt deinen Fokus beim Atmen auf deine Nase. An den Naseninnenwänden befinden sich viele Nerven- und Energiebahnen. Hier wird beim Einatmen das sogenannte Prana, wie die Yogis sagen, also Lebensenergie, stark absorbiert. Je intensiver du dein Bewusstsein auf deine Nasenflügel richtest, desto mehr Energie fließt dort.

ca. 7 Minuten

Übung: Konzentration auf den Atem

Setze dich im Schneidersitz auf den Boden, eventuell mit einem Meditationskissen oder einer gefalteten Decke unter deinem Gesäß. Du kannst dich auch mit gestreckten Beinen an eine Wand anlehnen, falls das für dich bequemer ist. Auf jeden Fall sollten dein Rücken aufgerichtet und die Schultern leicht nach hinten gezogen sein, sodass dein Brustkorb offener und freier wird. Dein Kiefer ist dabei ganz locker. Du kannst die Übung auch im Liegen machen. Allerdings ist im Sitzen die Gefahr, einzuschlafen, geringer.

Schließe deine Augen, und atme entspannt durch die Nase, ohne deinen Atemrhythmus absichtlich zu verändern.

Richte deine Aufmerksamkeit auf deine Nasenflügel, und beobachte, wie dein Atem ein- und ausströmt. Fokussiere dich auf die Temperatur der Atemluft. Kannst du wahrnehmen, dass der einfließende Atem kälter ist als der ausströmende?

Beginne nach einer Weile, zu fühlen, wo genau der Atem beim Ein- und Ausatmen die Naseninnenwände streift. Passiert es eher vorn oder hinten, oben oder unten? Sei ganz entspannt bei der Beobachtung, es gibt nichts, was du falsch machen könntest. Es geht einfach nur darum, genau zu fühlen. Je weniger du dich dabei anstrengst, desto leichter wirst du in die Übung hineinfinden.

Im Yoga spricht man davon, dass je nachdem, welches Element – Feuer, Wasser, Erde, Luft oder Äther – gerade vorherrscht, der entsprechende Bereich des Nasenflügels während des Ausatmens von der Luft gestreift wird. Wenn zum Beispiel gerade ganz viel Feuerenergie in dir fließt, du dich voller Tatendrang und Kraft fühlst, wirst du beim Ausatmen deinen Atem verstärkt in der Nähe deiner Nasenspitze wahrnehmen. Fühlst du dich geerdet und stabil, fließt dein Atem direkt und geradlinig aus dem Zentrum deiner Nase. Wenn das Luftelement in dir dominant ist, du dich leicht und flatterhaft fühlst, wird dein Atem an den äußeren Seiten der Nasenflügel entlang hinausströmen. Ist das Wasserelement in dir aktiv, fühlst du dich weich und fließend. Dann strömt dein Atem aus dem unteren Bereich deiner Nase hinaus. Äther, auch Akasha genannt, ist das feinste Element. Es ist noch feiner als Luft. Wenn du zum Beispiel sehr meditativ bist, mehr im Geist als im Körper, dann ist dieses Element aktiv. Dein Atem ist dann kaum zu spüren, so fein fließt er. Mit dieser Übung kannst du also im Laufe des Tages feststellen, welches Element gerade in dir besonders aktiv ist.

Jedes Mal, wenn du konzentriert und gleichzeitig entspannt bist, wird es in dir harmonischer. Du kannst die Übung fast überall machen, sobald du einen Moment ganz für dich hast.

Das Zusammenspiel von Yin und Yang

Wenn männliche und weibliche Qualitäten zusammen agieren, sind deine Kräfte im Gleichgewicht und bringen dir Freude. Männliche und weibliche Qualitäten trägt jeder Mensch in sich, aber in der Regel sind sie nicht in Harmonie. Es geht nicht darum, ein vollkommen androgynes Wesen zu werden. Wir bleiben in unserer Form, also in unserem Körper, Mann oder Frau, während wir innerlich beide Kräfte entwickeln.

Solange wir keine Balance im Innern haben, suchen wir verzweifelt im Außen danach. Doch das Außen kann uns nur vorübergehend das Gefühl von Ganzheit geben. Schon bald werden wir erneut auf uns selbst zurückgeworfen und müssen wieder auf die Suche nach dem gehen, was uns fehlt.

Oft, wenn ein Partner stirbt, ist der andere verzweifelt, weil er die Energie des anderen nicht mehr fühlt. Der Mann kann nicht für sich selbst kochen, kann sich selbst nicht in Liebe begegnen. Seine Frau war diejenige, die ihn mit weiblichen Qualitäten versorgt hat. Oder der Mann geht, und die Frau, die zurückgelassen wurde, fühlt sich unsicher, ohne Halt und Stärke. Aber nicht immer ist im Mann das aktive stärker vorhanden als das passive Prinzip. Es kommt auch häufig vor, dass der Mann weicher und aufnehmender ist als seine eher aktive und strukturierte Partnerin. Wie auch immer, der eine glaubt, den anderen zu brauchen, um sich energetisch vollkommen zu fühlen.

Ich sage nicht, dass es keine gute Idee ist, sich einen ergänzenden Part zu suchen, beziehungsweise passiert es meist ohnehin. Ohne unsere bewusste Ausrichtung holen wir den Gegenpart in unser Leben. Wie Magneten ziehen wir das an, was polar ist. Natürlich ist es notwendig, in einer Partnerschaft den Gegenpol kennenzulernen, sich von ihm nähren zu lassen und so eine gewisse Ganzheit zu erleben. Aber letztlich werden wir doch immer auf uns selbst zurückgeworfen und aufgefordert, die fehlenden Puzzlestücke im Inneren zu finden. **Dann erst sind wir ganz.** Wir können uns selbst Mann und Frau, Mutter und Vater sein. Wir sind dann sowohl in der Liebe als auch in der Kraft. Besitzen sowohl Stabilität als auch Flügel.

Damit wir Zugang zur Seelendimension bekommen, sollten männliche und weibliche Qualitäten in uns aktiv sein: das Männliche in Form von Fokus und Widerstandsfähigkeit, das Weibliche in seiner Kraft des Verbindenden, der Ruhe und Geduld.

Wenn die Harmonie zwischen Yin und Yang auf höchster Ebene erreicht ist, beginnt die Sphäre des Absoluten, sich zu offenbaren. Hier entdecken wir, dass alles von göttlicher Kraft durchdrungen ist.

Gedanken
zur Ruhe bringen

Sobald unsere Gedanken nicht mehr so laut sind, dringt das Flüstern unserer Seele zu uns. Doch belastende Gedanken machen uns das Leben schwer. Sie sind wie ein Sog, dem wir uns nicht entziehen können. Absoluter innerer Frieden kommt uns fern und illusorisch vor. »Sieh doch, das Leben ist hart zu mir! Die Umstände sind nun einmal schlecht, wie soll ich da positiv denken oder die Gedanken ganz abschalten?« Und weil immer wieder die Bestätigung von außen kommt, dass wir allen Grund zur Sorge haben, bleibt es bei den stressvollen Gedanken. Aber wie soll da die zarte innere Stimme zum Vorschein kommen? **Die Seele ist äußerst feinsinnig.** Sie drängt sich nicht auf, fordert und überredet nicht, sich ihr zuzuwenden. Sie wartet geduldig, bis sich die Stürme gelegt haben und ihre Schwingung wieder spürbar wird.

Wenn wir Zugang zur tieferen Ebene des Seins bekommen möchten, müssen wir unsere Gedanken zu Ruhe kommen lassen. Das ist vielleicht zunächst ungewohnt und schwierig, denn das ständige Rundendrehen auf dem Gedankenkarussell ist wie eine Sucht: Sobald es auch nur kurz anhält, fehlt uns etwas. Wenn wir eine Gewohnheit plötzlich unterbrechen, fühlt sich das ungemütlich und fremd an. Wir mögen das Vertraute (wenn auch möglicherweise Ungesunde) lieber, weil es Sicherheit zu geben scheint. Das Neue, das Heilung bringen könnte, lehnen wir erst einmal ab, da es anders ist als das, was wir kennen. Alles Neue, wie gut es auch sein mag, ist erst einmal fremd und erscheint deshalb wenig erstrebenswert. Von außen betrachtet, mag es ja sinnvoll wirken, doch sobald es sich nähert und Bestandteil unseres Alltags werden soll, stoßen wir es zurück. Wir gehen immer wieder – meist unbewusst – zum Bekannten und Gewohnten zurück.

Für die meisten ist sehr merkwürdig, wenn es im Kopf einmal still ist. Doch wenn sich unsere Gedanken beruhigen, können wir Situationen und Menschen viel besser beurteilen und einschätzen. Wir nehmen eine weite Perspektive ein, und neue Ideen strömen zu uns. Doch zwanghaftes Denken hindert uns daran, den gegenwärtigen Moment ganz in uns aufzunehmen. Wir lassen uns von dem mentalen Strom fortreißen und verlieren unsere wahre Essenz aus den Augen. **Wie sollen sich Seelenkräfte entfalten, wenn wir keine Zeit und keinen Raum zur Verfügung haben, in der beziehungsweise dem sie wirken können?** Und immer wieder heißt es: »Ich kann nicht anders, alles in meinem Leben ist deprimierend und zwingt mich dazu, mir ständig Sorgen und Vorwürfe zu machen.« Wir möchten unsere Gedanken beruhigen, aber es klappt nicht. Sie überrollen uns schon nach wenigen Sekunden des Innehaltens. Die Gewohnheit ist zu stark: endloses mentales Geplapper, ein Zwang, dem wir nicht entfliehen können. Und so, wie unsere Gedanken ohne Ordnung und Richtung sind, so wird auch unser Leben sein. Die äußeren Umstände spiegeln unser Inneres und machen uns deutlich, dass hier etwas aus der Bahn geraten ist: Wir sind hektisch, kommen niemals zur Ruhe, machen keine Pausen, haben keine Zeit zum Durchatmen. Wir erlauben uns nicht, glücklich, frei und unbeschwert zu sein.

Die Gedanken zu beruhigen, kann wie Zähneputzen oder Bewegung an der frischen Luft zur Gewohnheit werden. Wenn wir es einmal vergessen, fühlen wir uns nicht wohl und versuchen, das Versäumte schnell nachzuholen.

Haben wir uns erst einmal an eine Sache gewöhnt, fällt sie uns auch leicht. **Die Etablierung in den Alltag ist die Herausforderung.** Denn wir müssen von einem Geisteszustand in den nächsten wechseln . Für diesen Übergang braucht es zunächst den starken Wunsch nach Veränderung und den Glauben, es zu schaffen. Hier können wir erneut die Prinzipien von Yin und Yang unterstützend einsetzen: Wenn wir versuchen, unsere Gedanken mit Willen und Entschlossenheit unter Kontrolle zu bringen, dabei aber ungeduldig und nicht sanft sind, dann werden wir den Bogen überspannen, und Stress und zwanghaftes Denken kehren nur noch stärker zurück. Wenn wir auf der anderen Seite aber nur sanft und liebevoll sind, ohne entschlossen zu sein und durchzuhalten, kann es passieren, dass wir uns zu schwach fühlen und nach kurzer Zeit schon das Handtuch werfen.

Es ist zunächst vielleicht unverständlich, wie beides sich vereinbaren lassen soll. Wir könnten meinen, Sanftmut und die Verfolgung konkreter Ziele widersprächen sich. Wie kann Disziplin und unbeschwertes Spiel gleichzeitig funktionieren? Doch erst wenn wir lernen, Weichheit und Festigkeit einfließen zu lassen, kommt Balance ins Leben. Erst dann werden wir beobachten, dass sich das Gedankenkarussell allmählich beruhigt. Die folgende Übung zeigt dir, wie du es für einen Augenblick stoppen kannst. Und mit ein wenig Training wird dieser Augenblick immer länger.

ca. 7 Minuten

Übung: Die Gedanken beruhigen

Setze dich auf einen Stuhl. Richte deinen Rücken auf, und ziehe deine Schultern sanft nach hinten. Dein oberer Brustkorb bewegt sich dabei leicht nach vorn. Hebe dein Kinn ein wenig an. Wichtig ist, dass du dich körperlich entspannst und wohlfühlst, während du die ganze Zeit über aufgerichtet bleibst. Wenn du zu viel Anspannung im Nacken oder im Rücken spürst, lasse etwas mehr los. Das tust du, indem du dir bei jedem Ausatmen vorstellst, wie die angespannten Stellen ganz weich werden. Dein Körper reagiert unmittelbar auf deine Gedanken und Vorstellungen und lässt ganz von allein locker.

Dein Atem darf frei fließen, beeinflusse ihn nicht. Beobachte nun deine Gedanken, ohne zu versuchen, sie zu stoppen oder zu verändern. Nimm sie wahr wie Wolken, die vorbeiziehen. Halte nicht an ihnen fest. Versuche, sie möglichst nicht zu analysieren oder Pläne zu machen. Nimm deine Gedanken einfach nur zur Kenntnis, und lasse sie dann weiterziehen.

Versuche nun, zwei Atemzüge lang nicht zu denken.

Dann beobachte deine Gedanken wieder, während du für ein paar Atemzüge normal weiteratmest. Stoppe nach einer kurzen Zeit deine Gedanken erneut willentlich für zwei Atemzüge, und wiederhole die Übungsschritte.

Mache die Übung so lange, wie es sich für dich gut anfühlt.

Die Übung verdeutlicht, wie beherrschend unsere Gedanken in der Regel sind. Sie halten nicht einfach an, wenn wir es uns wünschen. Vielleicht klappt das ein, zwei Atemzüge lang, aber dann folgt in der Regel wieder der unkontrollierte Gedankenstrom. Doch wenn du regelmäßig übst, wird es dir immer besser gelingen, die Pausen zwischen deinen Gedanken zu verlängern. Plötzlich entstehen dann Zwischenräume, in denen kein Denken stattfindet. In diesen Momenten vergeht die Zeit wie im Flug. **Während der Geist ruht, fließt die Energie verstärkt in dir, und alle Zellen deines Körpers werden aufgeladen.**

Durch diese Übung erkennst du, dass deine Gedanken schnell und wild umherschwirren. Sie reihen sich nahtlos aneinander, ganz ohne Pausen. Auch der Inhalt der Gedanken ist sehr unruhig und durcheinander. Selten denken wir einen Gedankengang wirklich zu Ende. Die Gedanken sind wie Äffchen, die von einem Ast zum nächsten hüpfen, immer rastlos. Durch diese Erkenntnis bist du schon mitten in dem Prozess, deine Gedanken bewusst zur Ruhe kommen zu lassen, denn allein dadurch, dass du sie wahrnimmst, kommst du schon ins Hier und Jetzt. Der erste Schritt ist getan. Du hast dich deinem Inneren gestellt und steigst, wenn auch nur für einen Augenblick, aus dem bekannten Hamsterrad aus. **Allein das Beobachten deiner Gedanken lässt dich ruhiger werden und deine Atmung vertiefen.** Beobachten ist eine weibliche Yin-Qualität. Der zweite Teil der Übung, bei dem du deine Gedanken für ein paar Atemzüge anhältst, ist Ausdruck der männlichen Yang-Qualität. Du hast eine Absicht, gibst den Rahmen vor. Die polaren Kräfte von Spannung und Entspannung, Aktivität und Ruhe kommen in der Übung beide zum Ausdruck.

Ohne Pausen zwischen dem Tun, das heißt auch zwischen den Gedanken, agieren wir automatisch, werden fortgerissen und letztlich innerlich zerrissen. Wir brauchen Stille, um uns zu regenerieren und um zu erkennen, was wirklich wichtig ist. Die Intuition erwacht genau in diesen Zwischenräumen. Wir müssen innehalten und entschleunigen, wenn wir in Harmonie leben wollen. Ohne Pausen bleiben uns die tieferen Ebenen des Fühlens und Wissens verborgen.

Wir fallen ganz natürlich in tiefe Meditation, wenn wir uns darin üben, in der Stille zu verweilen. Regelmäßige Meditation harmonisiert die Yin- und Yang-Kräfte, wir spüren das **Jetzt** verstärkt und erleben öfter innere Glückszustände.

Wir glauben vielleicht, dass wir immer im Hier und Jetzt sind. Doch ist dies oft bloß physisch der Fall. Der Körper mag anwesend sein, aber unsere Gedanken sind in der Regel ganz woanders. Um unsere Seelenkräfte wachzurufen, also tiefer in die Realität einzudringen, müssen wir erst einmal still werden. Denn wie wollen wir wahrnehmen, was wirklich ist, solange so viele unruhige Gedanken durch unseren Kopf schwirren? Erst wenn diese Gedankenkreisel ruhiger werden, können die subtilen Schwingungen unseres Geistes wirken. Sobald wir sensibel und achtsam sind, eröffnet sich uns das tiefere Wissen. Die Welt ist häufig laut und grob. Wer keinen persönlichen Filter für sich findet, lässt sich von äußeren Gegebenheiten schnell beeinflussen und wird mitgerissen.

Viele Menschen meinen, dass es normal ist, dass die Seelenkräfte nur bei wenigen Menschen entwickelt sind. Damit wir

alle Zugang zu unserer Seele bekommen, müssen wir uns bewusst dem Zeitgeist entziehen und unsere eigene Sphäre der Ruhe und Achtsamkeit erschaffen. Denn wenn wir uns darauf verlassen, dass die äußere Welt für unser Wohlbefinden sorgt, werden wir immer wieder enttäuscht und fühlen uns eventuell verraten. **Im Außen können wir nicht finden, was im Inneren ist.** Deshalb ist es so wichtig, zu meditieren. Es macht uns sensibler für die feineren Schwingungen, sodass wir fähig werden, das Bedeutungsvolle vom Unwichtigen zu unterscheiden, die Lüge von der Wahrheit. Wir sind dann in der Lage, unseren wahren, ureigenen Weg zu erkennen.

Regelmäßige Meditation macht uns mit unserer Seelenwelt vertraut, die uns bisher vielleicht fremd war. Doch viele Menschen halten die Stille nicht aus, tun, wenn sie einen kurzen Moment der Stille haben, alles, um ihn bloß nicht auszudehnen. Wie oft höre ich in meinen Kursen: »Ich kann nicht meditieren. Schon nach ein paar Minuten werde ich nervös und muss wieder etwas tun!« Das ist das Verhalten, auf das fast jeder in unserer modernen Gesellschaft konditioniert ist. Wir sind keine Kultur der Stille, der Achtsamkeit und der sensiblen Gesten.

Die folgende Übung kann dir dabei helfen, Abstand von deinen Gedanken zu gewinnen und mehr Ruhe zu erfahren. Bei der ersten Übung in diesem Kapitel hast du dich direkt mit deinen Gedanken beschäftigt, um sie zu besänftigen. Bei der folgenden Übung wirst du sie auf indirektem Weg beruhigen, indem du dich auf eine andere Sache fokussierst.

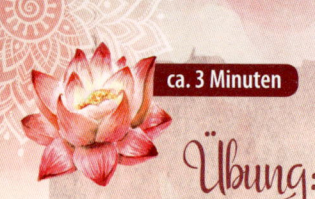

ca. 3 Minuten

Übung: Eine Kerzenflamme beobachten

Entzünde eine Kerze, und setze dich etwa eine Armlänge von ihr entfernt hin, so, dass du auf Augenhöhe mit der Flamme bist. Du kannst dich dafür im Schneidersitz auf den Boden setzen oder auf einen Stuhl. Achte darauf, dass kein Luftzug herrscht, denn die Flamme sollte ganz ruhig sein.

Lasse deinen Kiefer locker, nimm deine Schultern etwas nach hinten, sodass sich dein Brustkorb ein wenig nach vorn öffnet, und entspanne dich. Schließe für einen Augenblick deine Augen. Atme einmal tief durch, und dann öffne sie wieder.

Schaue ruhig auf die Flamme. Versuche, nicht zu blinzeln, und bewege deinen Blick nicht hin und her. Mache dies etwa 30 Sekunden lang oder etwas länger, ohne dich dazu zu zwingen – du sollst deinen Augen dabei ja nicht schaden. Halte deinen Körper ganz still.

Wenn du deine Augen nicht mehr aufhalten kannst, schließe sie. Jetzt kannst du wahrnehmen, dass die Flamme weiterhin sichtbar ist. Sie spiegelt sich auf der Netzhaut deiner Augen und erscheint dir deshalb weiterhin, obwohl deine Augen geschlossen sind.

Halte deinen Fokus auf diese innere Flamme gerichtet. Wenn sie vor deinen Augen umherwandert, bringe sie wieder zur Mitte zurück, und festige sie dort.

Wenn die Erscheinung sich verflüchtigt, öffne deine Augen, und schaue wieder auf die Flamme.

Wiederhole die Übung so oft, wie es für deine Augen angenehm ist.

Kreise zum Schluss deine Augen zur Entspannung sanft ein paar Runden im Uhrzeigersinn und dann ein paar Runden gegen den Uhrzeigersinn.

Die vorgestellte Übung beruhigt bei nervlicher Anspannung und sehr aufwühlenden Gedanken. Du wirst innerlich stabiler, Ängste legen sich. Wenn du deine Augen fixierst und nicht bewegst, wird dein Geist automatisch ruhig. Du lernst, längere Zeit auf eine Sache ausgerichtet zu sein. Dadurch beruhigt sich der Verstand, das Verweilen im Hier und Jetzt fällt immer leichter, und du gelangst wie selbstverständlich in tiefere Meditation.

Zuhören –
die Magie in der Begegnung

Wir können lernen, feine Nuancen der höheren Realität wahrzunehmen, indem wir uns angewöhnen, die eindeutigen Signale der Welt um uns herum bewusst zu spüren. Das funktioniert, wie die vorherigen Kapitel schon gezeigt haben, in der Natur, beim langsamen, bewussten Gehen, – oder eben auch in der Begegnung mit Menschen.

Viele Menschen haben nie gelernt, richtig zuzuhören. Und wenn wir selbst sprechen, hat auch das Gesagte oft wenig Tragweite und Kraft. Denn damit es Tiefe und Bedeutung erhält, muss die weibliche Qualität der Geduld und der Sanftheit in uns selbst vorhanden sein. Ansonsten bleibt sowohl das Zuhören als auch das Reden oberflächlich.

Zuhören kann mitunter herausfordernd sein, weil es uns dazu nötigt, den Moment ganz wahrzunehmen, ihn auf uns wirken zu lassen. Wir spüren alles intensiver, unser Gegenüber, uns selbst, die Umgebung. **Sobald wir tief durchatmen und den anderen zu Wort kommen lassen, dabei ganz wach und präsent sind, nehmen wir wahr, was hinter den Worten steckt.** Nicht nur, dass wir das Gesagte besser aufnehmen, auch die Energie, die dabei mitschwingt, können wir erkennen. Ist das Gesagte wahr? In welcher emotionalen Verfassung ist mein Gegenüber? Welche Wünsche hat er, welche Befürchtungen? All die unzähligen Signale, die die Worte noch zusätzlich transportieren, dringen dann in unser Bewusstsein. Eine ganz neue Dimension der Wahrnehmung eröffnet sich und ermöglicht dadurch ein weiteres, detaillierteres Erfassen der jeweiligen Situation.

Anderen Menschen richtig zuzuhören, ist enorm wichtig, nicht zuletzt, weil es auch bedeutet, dass du dir selbst zuhören kannst. Dass du erkennst, was dein Körper dir zu sagen hat. Möchte er wirklich das Fast Food oder doch eher etwas Gesundes? Wenn du nicht zuhören kannst, wirst du Entscheidungen treffen, die sich gegen dich richten. Du wirst einfach nicht wissen, was zu tun ist. Vielleicht handelst du dann, um dich besser zu fühlen, jedoch ohne dir über mögliche Folgen im Klaren zu sein. Oder du tust etwas, weil du es gewohnt bist, nämlich so, wie deine Eltern und andere Bezugspersonen es vorgemacht haben.

Wenn du es dir angewöhnst, deinem Gegenüber geduldig und aufmerksam zuzuhören, wirst du mit der Zeit automatisch auch dir selbst mit Aufmerksamkeit und Geduld begegnen. Das gilt natürlich auch umgekehrt: Wenn du trainierst, dir selbst besser zuzuhören, wirst du anderen Menschen gegenüber ebenfalls achtsamer und aufmerksamer sein.

Indem du dich ganz zurücknimmst und deinem Gesprächspartner den Raum und die Zeit gibst, sich zu äußern, vermittelst du ihm, dass du seine Gegenwart wertschätzt. Du bist nicht bloß auf der »Durchreise« und hörst auch nicht nur mit einem Ohr zu. Nein, du bist ganz da. Auch wenn du vielleicht nur wenig Zeit hast, wirst du dennoch deine ganze Aufmerksamkeit auf das Hier und Jetzt richten. **Denn im Moment passieren die wunderbarsten Dinge, nicht zu irgendeiner anderen Zeit.** Weder in der Vergangenheit noch in der Zukunft liegt das Glück. Das Echte, das Lebendige und Vibrierende ist niemals an der Oberfläche, sondern immer in der Tiefe zu Hause. Und

die Tiefe ist zugänglich, sobald wir uns ganz in den gegenwärtigen Moment hineinfallen lassen können. Aber wir lenken uns oft vom gegenwärtigen Moment ab, da wir es kaum mit uns selbst aushalten. Denn jedes Mal, wenn wir innehalten, werden uns unsere Unzulänglichkeiten vor Augen geführt. Und das wollen wir vermeiden, denn die Begegnung mit unseren Schwächen ist oft sehr unangenehm und herausfordernd.

ca. 1 Woche

Übung: Achtsames Zuhören

Sei immer ganz präsent, wenn du dich mit einem Menschen unterhältst. Überlege nicht, was du als Nächstes erwidern könntest, während die Person immer noch spricht, sondern sei ganz Ohr.

Entspanne deine Schultern und deinen Kiefer, und atme tief. Starre der Person nicht die ganze Zeit in die Augen, halte ganz entspannt den Augenkontakt und konzentriere dich nicht zwanghaft. Höre entspannt zu, und sei dabei wach und aufmerksam. Achte auf deine Körperhaltung: Deine Arme sind ganz locker am Körper. Dein Blick ist weich.

Sei am Gesagten interessiert – du möchtest wissen, was der andere mitzuteilen hat. Sprich nur dann, wenn es sich wirklich richtig anfühlt. Vermeide es, zu reden, nur weil du dir vielleicht selbst gern beim Reden zuhörst.

Achtsames Zuhören bedeutet, das Gesagte ganz in sich aufzunehmen und auf sich wirken zu lassen. Unser Gegenüber spürt unbewusst, ob wir nur körperlich anwesend sind oder auch im Geist bei der Sache sind. Achte auf deine Körperhaltung: Bist du eher zurückgelehnt und abwartend, oder übst du durch deine Körperhaltung unbewusst Druck auf dein Gegenüber aus?

Manchmal merken wir, wie der Mensch, mit dem wir uns unterhalten, Schwierigkeiten hat, sich auszudrücken. Er sucht vielleicht nach den richtigen Worten oder redet sehr schnell, als ob er Angst hätte, nicht genug Zeit zu haben, alles sagen zu können. Wenn das so ist, lasse ihm Zeit. Fülle nicht die Lücken in seinen Sätzen, weil du denkst, dass die Kommunikation so besser und schneller vorangeht. Wenn dein Gesprächspartner dir von einer Erfahrung erzählt, falle ihm nicht ins Wort, und erzähle nicht gleich von deinen Erlebnissen. Lasse zu, dass das Gesagte harmonisch ausklingt, und stelle eventuell Fragen, gib ein Feedback zum Gehörten. Dein Gegenüber bekommt dadurch das Gefühl, wirklich gehört und verstanden zu werden. Wenn du deinem Gegenüber auch durch deine Körpersprache signalisierst, dass er alle Zeit der Welt hat, seine Worte zu wählen, dass er sich nicht beeilen muss, dann wird er durchatmen können, und auch du wirst dich in der Begegnung viel wohler fühlen. Auf diese Weise kann viel Druck und Stress von uns abfallen.

ca. 40 Minuten

Partnerübung: Wechselseitiges Zuhören

Suche dir für diese Übung einen Partner. Setzt euch einander gemütlich gegenüber.

Gib deinem Gesprächspartner 20 Minuten Zeit, um über das zu reden, was für ihn wichtig und interessant ist. Lasse ihn alles erzählen, was ihm auf dem Herzen liegt. Aber auch Schweigen ist erlaubt. Das bleibt ganz euch überlassen.

Begegnet euch konzentriert und offen. Auch wenn ihr nicht redet, findet ein Austausch statt, solange ihr mit eurer ganzen Energie und Aufmerksamkeit bei eurem Gegenüber und der Sache bleibt.

Während die andere Person ihren Raum und ihre Zeit hat, alles auszudrücken, was ihr wichtig ist, nimm dich zurück, und sei nur Gefühl, Auge und Ohr. Sprich in dieser Zeit nicht.

Wenn die 20 Minuten um sind, bist du mit Erzählen an der Reihe, und dein Partner hört dir aufmerksam zu.

Die Begegnung sollte freundlich und respektvoll sein. Sinn der Übung ist nicht, der passiven Person eventuell angestaute Aggressionen und unterdrückte Wut entgegenzuschleudern. Manchmal werden Menschen auch ganz euphorisch, wenn sie merken, dass ihr Zuhörer wirklich an ihren Worten und an ihnen interessiert ist, denn sie erleben echte Anteilnahme viel zu selten. Natürlich ist es notwendig, selbst zu Wort zu kommen, mitzuteilen, was einem wichtig ist. Aber genauso relevant ist es, anderen zu gestatten, ihre Stimme erklingen zu lassen. In unserer Gesellschaft wird in der Regel dem Aktiven mehr Achtung und Bedeutsamkeit zugemessen als dem Passiven und Aufnehmenden, und wir sind alle bemüht, möglichst in die aktive Rolle zu kommen.

Zuhören zu können, ist entscheidend bei der Entwicklung der Seelenkräfte. Du lehnst dich zurück, horchst, lässt die Worte auf dich wirken. Was nimmst du wahr jenseits des Gesagten, des Offensichtlichen? Eine tiefere Ebene wird sich dir auftun, wenn du dich ganz im Jetzt verankerst. Dein Bewusstsein dehnt sich aus, und dein Energiefeld berührt das Energiefeld des anderen. Intuitiv erfasst du den Menschen in seiner Gesamtheit, nicht nur in der Rolle, die er gerade spielt. Dein Gegenüber ist viel mehr als das, was du zunächst oberflächlich erfasst. Das Wort »Person« kommt vom lateinischen »persona«, was so viel wie »Maske« bedeutet. Der Mensch trägt sie, oft auch unbewusst.

Wenn du nicht hetzt und dir stattdessen die Zeit nimmst, wirklich da zu sein und zuzuhören, schaust du durch all die Schleier der Illusion hindurch. Du kannst erkennen, was wirklich ist und was nicht.

Auflösung von Blockaden

Jeder Gedanke wirkt sich unmittelbar auf unser seelisches und auch unser körperliches Befinden aus. Wir können zur Heilung unseres Körpers viel beitragen, indem wir lernen, aufbauende, hoffnungsvolle Gedanken zu denken. Wenn du dich lange disharmonischen Gedanken hingibst, wird dies auch sehr bald im Körper sichtbar und spürbar werden. Deine Schultern hängen, der Brustkorb ist eingefallen, dein Rücken gekrümmt, und der obere Rücken drückt auf den unteren, da die vibrierende, glückliche Energie fehlt, die den oberen Rücken automatisch nach oben ziehen würde. Oft kommt es zu Bandscheibenvorfällen im unteren Rücken, weil der obere Rücken auf die unteren Wirbel drückt. Dadurch entweicht die Substanz zwischen den Wirbeln, die eine Polsterung darstellt, und es kommt zu Verletzungen.

Oben ist der Himmel, die Leichtigkeit, und unten sind die Wurzeln. Viele Menschen haben vergessen, wie der Himmel sich anfühlt. Ihre Körper drücken nach unten, sie fühlen sich viel zu schwer an. Oben aber können wir unsere Flügel ausbreiten, fliegen, glücklich und voller Freude Zeit und Raum vergessen. Dort ist auch die Kreativität zu Hause. Die meisten Menschen kümmern sich ausschließlich um ihre Wurzeln, ums Überleben. Sie machen sich ständig Sorgen und werden von Zukunftsängsten gepeinigt. Der obere Körper kann sich dadurch nicht ausstrecken und weiten. Der Blick geht ebenfalls zu Boden, sodass wir nur das Feste, Schwere vor Augen haben.

Natürlich ist Erdung wichtig. Sie gibt Stabilität, Sicherheit und das Gefühl, zu Hause zu sein. Zum Problem wird sie jedoch, wenn wir nur noch in diesen Bahnen denken. Dann wird die

Sicherheit schnell zur Falle und zum Gefängnis, Stabilität verwandelt sich in Immobilität. Wir brauchen Himmel **und** Erde, um im Gleichgewicht zu sein. Es reicht nicht aus, sich fest verwurzelt und stabil zu fühlen. Die höheren Zentren sind die, in denen die Seelenkräfte und der Geist aktiv werden. Ansonsten ist der Körper hauptsächlich mit seinen physischen und mental-emotionalen Themen beschäftigt. Für feinere geistige Vorgänge muss zunächst einmal das Grobe gereinigt und transformiert werden. Die höheren Zentren werden aktiv, wenn die körperlich-mentalen Blockaden sich immer mehr auflösen und wir, statt nur mit der Erde verwurzelt zu sein, auch die Leichtigkeit der himmlischen Energien erfahren.

Je angespannter wir innerlich sind, desto schwerer fällt es uns, es mit uns selbst auszuhalten. Wenn wir einmal Ruhe erfahren, fühlen wir uns unwohl, denn wir spüren uns, nehmen unser Inneres stärker wahr. Häufig versuchen wir dann, uns zu zerstreuen und abzulenken. Essen, laute Musik, Sport, Sex, Alkohol, Drogen dienen als Betäubungsmittel, wenn die Leere in uns klafft. Zu sehr tut die eigene Existenz weh.

Natürlich können wir unter diesen Umständen unsere zarte innere Stimme nicht wahrnehmen. Unsere Intuition schläft, die eigene Seele erscheint unerreichbar. Wir lieben uns selbst nicht – das heißt, wir mögen es nicht, wie sich unser Inneres anfühlt. Würde es sich gut anfühlen, würden wir uns selbst lieben. Wir müssen also herausfinden, wie wir unsere eigene Gegenwart als wohltuend erfahren können. **Denn wenn wir unsere Präsenz genießen, gelangen wir ganz von selbst nach innen, in die Stille.** Dann wird es leicht, uns auch auf den anderen einzustellen und eine Personen oder Situation besser einzuschätzen.

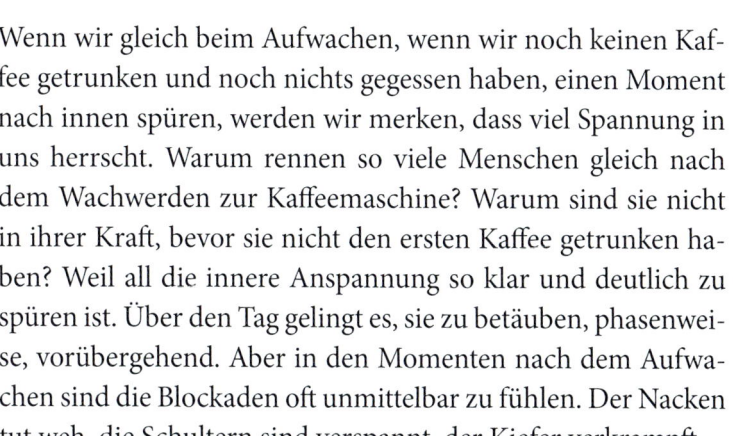

Wenn wir gleich beim Aufwachen, wenn wir noch keinen Kaffee getrunken und noch nichts gegessen haben, einen Moment nach innen spüren, werden wir merken, dass viel Spannung in uns herrscht. Warum rennen so viele Menschen gleich nach dem Wachwerden zur Kaffeemaschine? Warum sind sie nicht in ihrer Kraft, bevor sie nicht den ersten Kaffee getrunken haben? Weil all die innere Anspannung so klar und deutlich zu spüren ist. Über den Tag gelingt es, sie zu betäuben, phasenweise, vorübergehend. Aber in den Momenten nach dem Aufwachen sind die Blockaden oft unmittelbar zu fühlen. Der Nacken tut weh, die Schultern sind verspannt, der Kiefer verkrampft.

All diese Verspannungen sind häufig körperlicher Ausdruck unterdrückter Gefühle. Und diese stammen teilweise noch aus unserer Kindheit. Traumatische emotionale Erfahrungen, die sich so verfestigt haben, dass selbst unser Körper nun darunter leidet. Das Kind mag es als eine Katastrophe erleben, wenn ihm sein Teddybär weggenommen wird oder der geliebte Schnuller. Was dem Erwachsenen trivial erscheint, bedeutet für das Kind eventuell einen Weltuntergang. Sein System krampft sich zusammen, und wenn es keine baldige Beruhigung, keinen Ersatz und auch keine Liebe bekommt, kann es zu einer dauerhaften muskulären Verspannung kommen, die selbst bleibt, wenn das Ereignis schon längst vergessen ist. Es mag sich dabei um kleine Blockaden handeln, und doch haben sie sich im Körper manifestiert. Ganz zu schweigen von körperlicher Gewalt und Missbrauch.

Ignoranz und Lieblosigkeit führen dazu, dass wir selbst eines Tages innerlich dicht machen und so wie die Menschen werden, die uns erzogen haben – ein ewiger Kreislauf. So wird

Unbewusstheit von einer Generation an die nächste weitergegeben, bis einmal einer das Ganze stoppt und es sich bewusst ansieht. Sobald wir beginnen, bei uns selbst aufzuräumen und unsere inneren Blockaden zu beleuchten, und aufhören, vor uns selbst davonzulaufen, wird der Kreislauf der Ignoranz unterbrochen, und statt Trennung werden Ganzheit, Liebe und Heilung weitergegeben.

Wenn wir voller Blockaden und innerer Anspannungen sind, kann unsere Energie nicht frei fließen. Yin und Yang in uns sind dann unharmonisch. Wenn wir versuchen, uns zu konzentrieren oder zu meditieren, schlafen wir ein, sind gelangweilt oder genervt und gereizt. Der gegenwärtige Moment ist so unangenehm, dass wir kein Interesse daran haben, uns in ihn hineinfallen zu lassen. Die innere Disharmonie macht uns zu schaffen. Wir fühlen uns oft viel erschöpfter, wenn wir versuchen, uns in der Stille selbst zu begegnen, als wenn wir uns im Außen zerstreuen und die Blockaden eben nicht bewusst wahrnehmen müssen. Es handelt sich aber bloß um Aufschub und ist keine wirkliche Lösung. Die Blockaden verschwinden nicht dadurch, dass wir sie ignorieren. Wenn wir aber beginnen, an den belastenden Themen zu arbeiten, werden sich die Blockaden nach und nach auflösen, und wir kommen immer leichter in den gegenwärtigen Moment.

Wir wollen zu der tieferen Realität durchdringen, wo wir Antworten bekommen, zu denen wir an der Oberfläche keinen Zugang haben. Wir wollen spüren und wissen, was die tiefere Wahrheit ist. Wollen fühlen, dass alles miteinander verbunden ist. **Die Intuition zeigt uns neue Verbindungen, zu denen**

wir auf rationaler Ebene keinen Zugang haben. Wir wollen über das Offensichtliche und Oberflächliche hinausgehen. Wir wünschen uns eine Liebe, die alles umfasst, alles hält, allem ein heiliges, seliges Leuchten gibt. Doch Blockaden hindern uns daran, zu dieser tieferen Realität durchzudringen. Wenn diese Blockaden schmelzen, dann entfesseln wir unsere Seelenkräfte.

Kleine und große emotionale Schocks setzen sich in unserem physischen Körper, den Muskeln und Faszien, fest. Je nachdem, von welcher Art der psychische Schock ist, wird er sich im entsprechenden Körperteil als Anspannung bemerkbar machen. Themen, die mit Liebesentzug und Liebeskummer zu tun haben, manifestieren sich zum Beispiel unter anderem im Brustkorb. Er fühlt sich eng an, da sich die Muskeln verkürzen, die Schultern sich nach vorn neigen, um das Herz, das den Kummer erlitten hat, zu schützen. Der Rücken wird krumm, und wir gehen gebückt. Uns fehlt die Energie zur aufrechten Haltung. Das findet nicht bewusst statt, sondern geschieht automatisch. Und so ist es auch mit unzähligen anderen Themen. Der Hals ist zum Beispiel das Kommunikationszentrum. Wenn wir uns nicht erlauben, auszudrücken, was uns wichtig ist, wenn wir unsere Stimme immer zurückhalten aus Angst, abgewiesen zu werden, dann sammelt sich der ganze Frust dort an. Wir haben dann sozusagen einen Kloß im Hals. Wir sind gehemmt, unsere Stimme ist leise und angstvoll. Aber es bleibt nicht im Hals allein. Eine Blockade dort wirkt sich auch auf den Brustkorb, auf den Nacken und den Kopf aus. Die Muskeln und das Bindegewebe geraten auch dort unter Spannung. Das Körpersystem ist eben eine Einheit, und gibt es an einer Stelle Probleme, sind sie überall.

Die Faszien durchziehen den ganzen Körper. Sie halten Muskeln, Knochen, Sehnen und Organe zusammen. Emotionale Schocks und Belastungen machen sich im physischen Körper zuerst in ihnen bemerkbar. Die Verspannungen dort bewirken nach und nach auch Verspannungen der Muskulatur. Wenn das Gewebe des Körpers unter dauerhafter Spannung steht, können die Organe nicht optimal arbeiten, das Blut und die Lymphe werden nicht richtig transportiert, alles gerät mehr oder weniger ins Stocken. Die natürliche Ordnung ist gestört. Auch der Atem wird kurz und flach. Und da der Atem uns mit Lebenskraft versorgt, steht dem gesamten Körper weniger davon zur Verfügung. Das Gehirn ist unterversorgt, wodurch unser Denken eingeschränkt wird und selbst die Lösung einfacher Probleme große Schwierigkeiten bereitet. Wir fühlen uns dauernd energielos und unmotiviert. Dann brauchen wir Stimulanzien wie zum Beispiel Koffein, um durch den Tag zu kommen.

Voller Energie sind wir hingegen, wenn wir keinen beziehungsweise wenig emotionalen Ballast bei uns tragen und dadurch Muskeln und Faszien unverkrampft und elastisch sind. Auch dann gibt es im Körper eine gewisse Spannung, doch handelt es sich dabei um eine gesunde, wohltuende Spannung. **Sind wir voller Zuversicht, innerer Freude und Enthusiasmus, ist dadurch auch unser Körper voller Vitalität und in guter Spannung und Stabilität.** Eine aufrechte Körperhaltung stellt sich dann ganz von selbst ein. Tägliche Bewegung kann die Muskulatur zusätzlich stärken. Parallel dazu geht es darum, emotionale Blockaden aufzulösen, damit unser Körper wieder durchlässiger für die Energie wird, zum Beispiel mit der folgenden Übung.

ca. 15 Minuten

Übung: Innerere und äußerere Anspannung lösen

Lege dich ganz entspannt in Rückenlage auf den Boden. Falls es dir unangenehm ist, den Kopf auf den Boden zu legen, kannst du dir ein dünnes Kissen darunter schieben. Bette deinen Kopf nicht zu hoch, da das den Energiefluss behindern kann. Strecke deine Arme und Beine locker aus. Lasse sie nicht eng am Körper liegen, sondern spreize sie etwas. Wenn möglich, lege deine Arme in einen rechten Winkel zum Körper. Sollte dir das unangenehm in den Schultern sein, nimm deine Arme etwas nach unten. Wichtig ist vor allem, dass dein Körper sich offen und entspannt anfühlt. Lockere deinen Kiefer, und öffne deinen Mund leicht.

Atme durch den Mund ein und aus. Lasse deinen Atem in den Rachen und in den oberen Brustkorb strömen.

Stelle dir nun vor, wie dein Körper mit jedem Ausatmen tiefer und tiefer in den Boden sinkt. Mit jedem Ausatmen wirst du lockerer und weicher. Du vertraust und lässt völlig los. Du bist hellwach und ganz im Hier und Jetzt, während dein Körper sich immer wohliger, weicher und wärmer anfühlt.

Dann spüre, wo du vielleicht immer noch angespannt bist und etwas nicht loslassen kannst. Die oberflächliche Anspannung kannst du meist auf Anhieb auflösen. Aber bei den tieferen Schichten ist es nicht so leicht. Dort hat sich die Spannung schon zu sehr verfestigt, und du brauchst Geduld.

Spüre, in welchem Bereich besonders viel Anspannung herrscht, schicke deinen Atem genau dorthin, und stelle dir vor, wie diese Stelle beim Ausatmen immer lockerer und weicher wird. Nutze dazu gern ein Bild. Stelle dir zum Beispiel vor, dass die Anspannung wie Eis in der Sonne schmilzt. Du kannst nun bei dieser Stelle bleiben und sie noch weiter lockern, oder aber du gehst nach ein paar Minuten zur nächsten Anspannung und bearbeitest sie auf die gleiche Weise.

Beim Lösen der körperlichen Verhärtung lässt du auch, ohne es bewusst zu steuern, das dazugehörige emotional-mentale Thema los. Manchmal spürst du das Thema und weißt genau, worum es geht. Oft fühlst du aber einfach nur eine Erleichterung und ein Wohlgefühl wie schon lange nicht mehr. Gähnen ebenso wie Gefühle von Taubheit in manchen Körperteilen sind völlig normal, wenn innerlich eine Entlastung stattfindet, ebenso Kribbeln und Schauer. Sie zeigen an, dass die Energie freier durch die Energiebahnen fließt.

Diese Energiebahnen, auch Meridiane genannt, im Yoga sagen wir Nadis dazu, transportieren Energie, Elektrizität, Chi, Prana, Lebenskraft. Sie versorgen alle Zellen und Organe damit, machen uns lebendig, wach und bewusster. Alles in dieser Welt wird von dieser Kraft durchströmt. Wir baden geradezu in ihr. **Wir müssen sie nicht erschaffen, sie ist immer da, im Überfluss.** Wir müssen nur darauf achten, dass die Kanäle frei sind, damit diese kosmische Energie frei in uns fließen kann, ohne irgendwo blockiert zu werden. Je mehr sich die Verspannungen im Muskel- und Bindegewebe lockern, desto stärker fließt die Energie. Die zuletzt vorgestellte Übung hilft dir genau dabei.

Es gibt viele Wege, die Blockaden zu lösen. Körperliche Blockaden können auch verschwinden, wenn wir sie nicht direkt körperlich angehen. Wenn du zum Beispiel eine Lektion im Leben gelernt hast und sich deine Energie dadurch weitet, wird das auch im physischen Körper spürbar. Die entsprechenden Bereiche, die mit dem Thema in Verbindung stehen, werden lockerer. Solltest du sehr starke Verspannungen spüren, die dazu führen, dass du dich kaum bewegen kannst, versuche folgende Übung.

ca. 20 Minuten

Übung: Starke Verspannungen lösen

Lege oder setze dich bequem hin, und entspanne dich. Lockere deine Schultern, deinen Kiefer und deine Gesichtsmuskeln, auch wenn der Schmerz, den du gerade im Körper verspürst, dich dazu verleitet, sie weiterhin anzuspannen.

Spüre, wo die starke Spannung herrscht, und fokussiere dich vollkommen auf diese Stelle. Lasse deinen Atem frei fließen.

Dehne nun SANFT und VORSICHTIG ein wenig die Stelle, in der die Spannung sitzt. Halte deinen Fokus, und fühle im Detail, was dort passiert. Gehe nur so weit hinein, wie du das Gefühl hast, die Kontrolle zu haben, und wie es dir noch angenehm erscheint. Mache keine ruckartigen Bewegungen, und versuche nicht, mit Gewalt über die Grenze zu gehen.

Nach ein paar Minuten schon tritt eine Erleichterung ein. Die verspannte Stelle ist nun etwas gelockert. Das Bindegewebe dehnt sich, der Krampf hat sich ein wenig gelöst.

Wenn du mehrmals täglich mindestens 20 Minuten übst, wird sich selbst eine besonders starke Verspannung, bei der du dich zuvor kaum bewegen konntest, schon bald lösen. Die Herausforderung ist, geduldig zu sein, entspannt zu atmen, trotz der Schmerzen, die du vielleicht schon tagelang zu erleiden hattest. **Deine Energie folgt immer deinem Fokus.** Das bedeutet, dass du deinem Körper an der schmerzhaften Stelle viel Energie zuführst, wenn du deine uneingeschränkte Aufmerksamkeit längere Zeit dorthin richtest. Falls diese Idee für dich ganz neu ist, denke an den sogenannten Grünen Daumen: Menschen, die scheinbar besonders begabt sind im Umgang mit Pflanzen, widmen ihre ganze Aufmerksamkeit und Energie den Pflanzen. Sie geben ihnen damit viel Lebenskraft. Alles Lebendige blüht auf, sobald man sich ihm mit Liebe, Achtung und Fokus zuwendet.

Fokus ist nicht gleich Fokus. Kombiniert mit Hass, kann er verderben. Fokus verbunden mit Liebe heilt. Die zuletzt vorgestellte Übung arbeitet mit genau diesem Prinzip. Ein heilender, harmonisierender Energiestrom fließt an die Stelle, auf die du dich in Liebe konzentrierst. Die Meridiane in unserem Körper verteilen die Energie überallhin. Dieses System ist noch feiner als das Nervensystem. Es reagiert sofort auf jeden Gedanken, auf jede emotionale Regung. Wir können den Energiefluss in uns allein mithilfe unserer Gedanken zum Fließen oder ins Stocken bringen. Das ist übrigens auch die Methode, mit der

Geistheiler arbeiten. **Jeder Mensch kann geistig heilen, wenn er sich entspannen und sich gleichzeitig über längere Zeiten völlig fokussieren kann.** Tut er das mit der klaren Absicht, zu heilen, fließt schon bald Energie und versorgt die fokussierte Stelle. Wir müssen dazu nicht einmal die Hände auflegen. Der Gedanke reicht vollkommen aus.

Da wir Stress und inneren Druck gewohnt sind, übertragen wir sie häufig sogar auf unseren Versuch, nach innen zu gehen und Blockaden zu lösen. So können wir aber keine Heilung erreichen. Allein mit roher Willenskraft können wir nichts bewirken und sind verwundert und frustriert, weil wir keinen Erfolg haben. Wir sollten uns hingebungs- und vertrauensvoll nach innen wenden, anstatt uns im angespannten Zustand an der Oberfläche aufzuhalten. Die angestauten Energien beginnen sich erst dann zu lösen, wenn wir aufhören, brutal und aggressiv gegen uns selbst vorzugehen und uns stattdessen in Geduld und Sanftmut üben.

Höhere Zentren

Sobald wir innerlich freier und leichter werden, die Blockaden sich also immer mehr auflösen, beginnt die Energie, nach oben in Richtung der höheren Zentren zu steigen. Wo wir vorher hauptsächlich mit den Dingen des Alltags beschäftigt waren und wenig Kraft für die Erweckung der Seelenkräfte hatten, wird jetzt unsere Interesse daran stärker. Wir haben gelernt, dass es für die Entfaltung der Seelenkräfte wichtig ist, sowohl die aktive als auch die passive Energie in uns zu harmonisieren. **Damit das gelingen kann, müssen wir neben dem Willen auch Hingabe und Loslassen kultivieren.** Denn es kann frustrierend sein, wenn du deine Seelenkräfte entwickeln möchtest, ohne zunächst einmal gelernt zu haben, nach innen zu fallen und vertrauensvoll loszulassen. Das ist, als würdest du versuchen, die Sonne zu sehen, ohne die Vorhänge am Fenster zur Seite zu ziehen. Du rennst im Haus von einem Zimmer zum anderen, suchst die Sonne überall und kommst nicht auf den Gedanken, hinter die Vorhänge zu blicken. Sobald wir die Yin-Energie hinzunehmen, können sich durch das harmonische Zusammenspiel von Yin und Yang die inneren Hindernisse auflösen. Dann kann die Lebenskraft dein System wieder besser durchströmen und versorgen.

Die Seelenkräfte beginnen, sich zu entfalten, wenn genügend Energie vorhanden ist. Die meisten Menschen haben zu wenig Energie. Entweder, weil alle Kraft in die Widerstände, Schmerzen und Hindernisse fließt und sie erschöpft, oder aber, weil sie die Energie fast ausschließlich für die Befriedigung grobstofflicher Angelegenheiten nutzen, sodass am Ende die Energie stagniert und nichts für feinere Vorhaben übrig ist. Seelenloser Sex, viel Essen, Alkohol, grobe Vergnügungen aller Art benötigen Lebensenergie. Wir sollten daher genau überlegen, wofür wir sie nutzen. Sehnen wir uns danach, sublimere Ebenen der Existenz zu betreten, dann sollten wir das Profane und Grobe nicht mehr anstreben. Je gröber die Energie, desto schwerer und weniger erfreulich ist das, was sie nach sich zieht. Derbe Erlebnisse machen auf die Dauer träge, müde und erschöpft. Da bleibt keine Kraft mehr, sich geistig zu erheben, um die essenzielle Wahrheit des Seins zu erfahren.

Spontanes inneres Wissen ermöglicht Einblicke, die uns sonst verborgen bleiben. Haben wir Zugang dazu, erweitert sich unser Horizont, wir werden fähig, eine bessere Lösung für das Thema zu finden, das uns gerade beschäftigt. Solange ein Mensch hauptsächlich mit der Befriedigung unterer Zentren beschäftigt ist und auch keine Notwendigkeit verspürt, hier zu sublimieren, wird er nicht zur Ebene der Seele und des Geistes vordringen. Es braucht also zum einen die Auflösung innerer Anspannungen sowohl physischer als auch psychischer Art. Zum anderen ist die Kultivierung feinerer Empfindungen notwendig. Wenn wir nichts tun, um leichter zu werden, fallen wir automatisch nach unten. Aber es braucht eine Bewegung nach oben, ein Wachsen, ein Sich-Ausdehnen, um himmlische Gefühle zu entdecken. Schwere und Druck entstehen, wenn wir uns aufgeben und so herabsinken.

Die höheren Zentren werden nicht automatisch erreicht, so, wie es bei den unteren Zentren der Fall ist. Für deren Aktivierung müssen wir nichts tun. Alles Geistige jedoch ist durch den Prozess der bewussten Sublimierung gegangen. Das Erwachen der Seelenkräfte ist das Ergebnis einer inneren Verfeinerung und Aufrichtung.

ca. 15 Minuten

Übung: Ausdehnung nach oben

Stelle dich barfuß mit locker nebeneinandergestellten Füßen aufrecht hin.

Stelle dir vor, wie du deinen unteren Rücken gegen eine imaginäre Wand drückst. Diese Vorstellung bewirkt, dass du gerader stehst. Deine Hände liegen an deinem Körper. Dein Brustkorb ist nach vorn gestreckt, und deine Schultern sind etwas nach hinten gezogen. Hebe das Kinn ein wenig an. Trotz der körperlichen Spannung und Ausrichtung bist du insgesamt locker und entspannt.

Fühle, ob dein Körper eher von der Erde oder vom Himmel angezogen wird. Hast du das schwere Empfinden, fest verwurzelt zu sein, so sehr, dass alles nach unten zieht, oder fühlst du dich leicht, als würdest du vom Boden abheben können?

Um mehr Leichtigkeit zu aktivieren, stelle dir bei jedem Ausatmen vor, wie dein oberer Rücken und dein Hinterkopf nach **oben** gezogen werden. Achte darauf, deine Schultern, Arme, Hände und den unteren Rücken dabei nach unten zu ziehen. Deine Schultern sind nicht angespannt, sondern locker.

Fühle mit jedem Ausatmen, wie sich deine imaginären Flügel an deinen Schulterblättern entfalten und ausdehnen. Du wirst immer leichter. Du bist schwerelos. Fühle die himmlische Unbeschwertheit.

In meiner Tätigkeit als Yogalehrerin sehe ich immer wieder, dass die meisten Menschen einen viel zu starken Zug nach unten haben. Es fehlt ihnen an Leichtigkeit und Verspieltheit. Fast jeder meiner Schüler fühlt sich erdrückt von seinen täglichen Aufgaben und Sorgen. Es scheint ihnen unmöglich, sich leicht und unbeschwert zu fühlen. Die vorangegangene Übung ist Teil der Yogaübung »Der Berg« oder »Der Fels«. Ziel ist es, Erd- und Himmelskraft in Harmonie zu bringen.

Die Himmelsenergie ist Kreativität, Glaube an das Gute, Ausdehnung, Freude, Spiel, Visionskraft, Einfallsreichtum. Zu viel von der Himmelskraft und zu wenig von der Erdkraft führen dazu, dass wir den Boden unter den Füßen verlieren. Dadurch fehlt dann das Gefühl der Sicherheit, des Getragenseins, der Geborgenheit. Ideen sind zwar da, aber nicht der Boden, der sie schützen und mit Nährstoffen versorgen würde, damit sie wachsen können. Der Mensch ist dann innerlich in alle Richtungen verstreut, kann sich nicht auf eines einlassen, kann nicht zur Ruhe kommen. Er ist nervös und gereizt. **Die Erdkraft ist Sicherheit, Vertrauen, Festigkeit, Unerschütterlichkeit, Stabilität.** Zu viel davon und zu wenig Himmelskraft, und der Mensch verliert seine Flügel, seine Visionen. Er hat das Empfinden, festzustecken, nicht vom Fleck zu kommen, uninspiriert und geistig träge zu sein.

Viele Menschen wissen nicht, wie sie ihren Geist erheben können, um mehr Freude am Leben zu haben. Alles scheint voller Schwere und Sorgen zu sein. Die zuletzt vorgestellte Übung führt hier zum Umschwung, wenn du dich wirklich darauf

einlässt. Du musst gewillt sein, von einem Zustand zum anderen zu wechseln. Das geht auch innerhalb kürzester Zeit mithilfe der Vorstellungskraft und des Atems. Der schwierigste Schritt ist immer der erste. Und der ist: die bewusste Ausrichtung auf das Gute.

Es kann sich seltsam, ungemütlich und ungewohnt anfühlen, wenn wir beginnen, tiefer zu atmen, wo doch der Körper eine flache Atmung gewohnt ist. Es ist, als würde er sich wehren, gar nicht mehr Leben hineinlassen wollen. Auch wenn wir wissen, dass es das Richtige ist, hören wir schnell auf oder beginnen erst gar nicht, weil wir das Ungewohnte und Ungemütliche scheuen. Damit wir den Sprung vom Alten zum Neuen machen können, sollten wir uns diese unbewusste Verneinung bewusst machen. Unser ganzes Sein rebelliert gegen ein Mehr an Lebendigkeit. Weil es fremd ist.

Instinktiv wissen wir, dass sich alles ändert, wenn wir unseren Körper mehr aufrichten und mehr Atem und dadurch Leben in ihn hereinlassen. **Wenn wir unsere Widerstände zur Kenntnis nehmen, ist der erste wichtige Schritt getan.** Wir haben also realisiert, dass wir das Gute nicht an uns heranlassen, obwohl unser Verstand weiß, dass wir es brauchen.

Mithilfe der Übung lassen wir sanft immer mehr Lebendigkeit und Ausdehnung zu, egal, wie sehr die inneren Widerstände das zu verhindern versuchen. Bei regelmäßigem Üben gewöhnen wir uns schon bald an das Mehr an Lebenskraft. Es wird zur Normalität. Der Körper wird neu programmiert und will dann tatsächlich das, was ihm guttut. Solange wir den Körper und den Geist nicht bewusst auf das ausrichten, was wir wollen, kopieren wir automatisch unsere Umgebung. Wir lassen dann ungefiltert Glaubenssätze herein, die uns schaden und krank machen. Die Bewegung nach oben hin muss bewusst erfolgen. Wenn wir die Entscheidung nicht treffen, fallen wir automatisch nach unten. **Die Entwicklung der Seelenkräfte erfolgt solange nicht, bis wir uns bewusst nach oben hin ausrichten.**

Die Freuden höherer Zentren sind ausgedehnt, Zeit und Raum scheinen sich aufzulösen, Unendlichkeit ist kein Mythos mehr. Wir bekommen immer mehr Kraft, anstatt sie zu verlieren.

Die Aura

Jeder Körper besteht in seiner Essenz aus Energie. Sie fließt beständig durch den Körper hindurch und auch aus ihm heraus. Darüber hinaus sind wir auch ständig im Kontakt und im Austausch mit der Energie anderer Menschen. Je mehr Energie jemand hat, desto mehr strahlt sie nach außen, und das können wir fühlen. Dieses Strahlungsfeld wird auch Aura genannt. Ein vitaler Mensch, der gesund ist und voller Liebe und innerer Harmonie, hat ein anderes Strahlungsfeld als jemand, der krank, traurig, depressiv oder gereizt ist. Im ersten Fall ist die Aura leuchtend und intensiv, und jeder, der sich in ihrer Nähe aufhält, fühlt auch sich selbst mit Lebensenergie aufgeladen.

Instinktiv zieht es uns dorthin, wo gute Energien fließen. Meist nehmen wir Energiefelder nicht bewusst zur Kenntnis, aber wir spüren unbewusst die Energie, die von jemandem ausgeht und können grob einschätzen, ob es sich um einen freundlichen oder eher unfreundlichen Menschen handelt. Hier wirkt unsere Intuition. Es ist nicht so, dass wir gar keine Intuition haben. Nur häufig bekommen wir es nicht bewusst mit, wenn sie wirkt. Aus einer Vielzahl an Eindrücken gewinnen wir automatisch ein Gesamtbild, ohne analytisch an eine Situation oder einen Menschen herangegangen zu sein. Wir fühlen oft, ob etwas gut für uns ist oder nicht. Das heißt aber noch lange nicht, dass wir unsere Taten auch danach ausrichten.

Wenn unsere Aura, also unser Energiefeld, harmonisch ist, bewegen wir uns ganz anders durch die Welt, als wenn es eine schwache und unharmonische Ausstrahlung hat. Es wirkt unmittelbar auf die Umgebung, die uns wiederum unaufhörlich spiegelt.

Wenig Lebensenergie – und somit auch eine schwache Aura – zu haben, kann bedeuten, dass wir zurzeit nicht genug auf uns selbst eingehen und in der Folge auch für andere nicht viel Kraft zur Verfügung haben. Unsere wenige Energie wird uns dann gespiegelt, und wir wundern uns, warum wir so wenig vom Außen zurückbekommen und nicht alles so läuft, wie wir es uns wünschen. Oftmals versuchen wir dann, den Mangel im Außen zu korrigieren, was das eigentliche Problem nicht löst.

Erst wenn wir die Ursache in unserem eigenen Energiesystem sehen, können wir genau dort ansetzen. Sobald wir voller Hoffnung, Energie und guter Gedanken sind, wird uns auch von Außen Positives entgegenkommen. Plötzlich sind die Menschen uns gegenüber wohlwollender, freundlicher und nicht so gleichgültig, weil wir ihnen diese Haltung zuerst entgegengebracht haben. Denn unsere Aura tragen wir immer mit uns herum. Sie ist unsere feinstoffliche Visitenkarte. Bevor wir auch nur ein Wort sagen, hat sie sich schon längst vorgestellt. **Wir können mit Worten lügen, aber nicht mit unserem Energiefeld.** Und wer darin zu lesen weiß, kann Menschen einschätzen, ohne mit ihnen auch nur ein Wort gesprochen zu haben. Wer Energiefelder lesen kann, sieht auch, wo im mental-emotionalen und physischen Körper Störungen sind, und sogar, wodurch sie entstanden sind.

ca. 5 Minuten

Übung: Die eigene Aura wahrnehmen

Setze dich entspannt auf einen Stuhl, und halte deinen Rücken gerade. Lasse deinen Kiefer und deine Schultern ganz locker. Halte deine Hände in Höhe des Brustkorbs wie zum Gebet gefaltet, aber ohne, dass deine Handflächen einander berühren.

Stelle dir eine Knetmasse zwischen den Händen vor, die du auseinanderziehst und wieder zusammendrückst. Mache dabei kleine federnde Bewegungen, aber achte weiterhin darauf, deine Handflächen nicht zu berühren. Mal sind deine Hände nur wenige Millimeter voneinander entfernt, mal sind sie weit auseinander. Du bist ganz auf deine Hände und die imaginäre Knetmasse fokussiert.

Kannst du die Spannung wahrnehmen, die sich zwischen deinen Handflächen aufbaut? Vielleicht fühlt es sich wie eine Art Magnetismus, ein Kribbeln oder Wärme an. Sobald du dieses Etwas zwischen den Händen wahrnimmst, kannst du damit spielen. Du kannst dir zum Beispiel einen Ball zwischen deinen Händen vorstellen, der immer größer wird, je mehr du den Abstand zwischen deinen Händen vergrößerst. Letztlich kannst du dir einen Gymnastikball oder einen noch größeren Ball vorstellen, den du in den Armen hältst. Er wird sich sehr real anfühlen, wenn du dich stark darauf konzentrierst.

Die Aura ist sehr formbar. Wir können sie kneten, erweitern und zusammenziehen. Sobald du dich an dieses Energiefeld gewöhnt hast und weißt, wie du es formst, kannst du dieses Wissen dazu verwenden, zum Beispiel deine Aura mehr zu aktivieren, zu stärken und gezielt dort mit Energie zu versorgen, wo es notwendig ist. Die Aura strahlt nicht nur aus den Händen, wie du es in der Übung kennengelernt hast, sondern aus dem ganzen Körper. An den Händen ist sie sehr leicht wahrzunehmen, da an den Handflächen starke Energiezentren wirken.

ca. 15 Minuten

Partnerübung: Die Aura weiten

Suche dir für diese Übung einen Partner. Stellt euch einander gegenüber, und haltet eure Hände auf Brusthöhe erhoben, eure beiden Handflächen zeigen jeweils zueinander. Während der gesamten Übung berühren sich eure Hände **nicht**.

Stellt euch vor, dass zwischen euren Handflächen eine Knetmasse ist, mit der ihr spielen wollt. Zuerst hält einer von euch nur ruhig seine Hände hoch, ohne sich zu bewegen. Der andere federt mit seinen Händen gegen die Aura der Hände des Partners. Das Bild der Knetmasse dient zu Beginn als Hilfe, um in die Übung hineinzufinden. Sobald ihr das Energiefeld zwischen euren Händen spüren könnt, braucht ihr nicht unbedingt weiterhin an die Knetmasse zu denken. Du kannst nun als der aktive Part dicht an die Handflächen deines Partners herangehen. Dieser kann ebenfalls leicht federnde Bewegungen machen. Das hilft dabei, die Energie zu aktivieren. Bewege dich nun federnd immer mehr nach hinten, von deinem Partner weg. Je weiter du dich von seinen Händen entfernst, desto stärker musst du dich konzentrieren, um die Verbindung nicht abbrechen zu lassen. Wichtig ist dabei, stets die Knetmasse zu spüren. Gehe nur so weit nach hinten, dass du sie noch zwischen euren Händen wahrnehmen kannst. Sobald deine Wahrnehmung des Energiefeldes beziehungsweise der Knetmasse zwischen euch schwächer wird, tritt wieder näher an deinen Partner heran. Je näher ihr beieinandersteht, desto intensiver ist das Gefühl zwischen euren Handflächen.

Wenn du anfangs nichts wahrnimmst, solltest du dich deinem Übungspartner auf wenige Millimeter nähern und in diesem Abstand zunächst ganz leicht federn. Dann kannst du den Rhythmus der Bewegung variieren, mal schneller, dann wieder langsamer. Sobald sich ein Widerstand oder ein Kribbeln oder Wärme aufbaut, gehst du einen Schritt nach hinten, während du den Fokus in den Händen hältst und weiter federst. Bleibe stehen, wenn du merkst, dass der Kontakt abbricht. Dann gehe wieder einen Schritt nach vorn. Hole dir sozusagen die Knetmasse und dehne sie weiter aus. Der passive Partner hält die ganze Zeit über einfach nur seine Hände in Brusthöhe und federt eventuell leicht. Manche spüren die Energie zwischen den Händen stark, selbst wenn sie sich durch den ganzen Raum nach hinten bewegen.

Zum Schluss kommst du wieder ganz dicht an die Hände deines Übungspartners, sodass eure Hände wieder nur ein paar Millimeter voneinander entfernt sind.

Wenn ihr das Gefühl nun mit dem Gefühl zu Beginn der Übung vergleicht, könnt ihr vielleicht feststellen, dass es viel intensiver geworden ist. Möglicherweise habt ihr den Eindruck, dass eure Hände glühen, leicht anschwellen oder kribbeln. Das sind Anzeichen dafür, dass die Energie stärker fließt.

Anschließend könnt ihr wechseln. Dein Übungspartner wird nun aktiv und bewegt sich kontinuierlich federnd nach hinten, wie du es vorher getan hast.

Falls noch eine dritte Person mitmachen möchte, kann diese sich zwischen euch beide stellen, wenn ihr schon etwas weiter auseinandergegangen seid. Ihr haltet also zu zweit die Energie zwischen euren Handflächen aufrecht, während eine dritte Person sich nun auch im Energiefeld befindet.

Geht jetzt näher an die mittlere Person heran, sodass die Kraft sich um sie herum konzentriert. Die Person in der Mitte hat nichts zu tun, außer die Energie ganz entspannt wahrzunehmen. Ihr könnt eure Hände nahe am Körper der Person halten, allerdings wieder, ohne sie zu berühren. Vielleicht bekommt ihr nun ein intuitives Gefühl dafür, wo ihr eure Hände hinbewegen müsst, damit der Energiestrom besser fließt. Es ist, als würden eure Hände von einer unsichtbaren Macht geführt werden. Auch die Person in der Mitte kann, wenn sie einen Impuls verspürt, ihre Hände und Arme intuitiv bewegen.

Was hierbei geschieht, ist eine Harmonisierung der Energieströme. Das heißt, die Hände der Gebenden werden automatisch an die Stelle gehen, wo der Körper der in der Mitte stehenden Person einen Energiemangel hat. So kann die Energie aufgefüllt und ausgeglichen werden. **Je länger ihr diese Übung macht, desto stärker fließt die Energie in allen Beteiligten.** Sie wird allerdings immer dann unterbrochen, wenn ihr aufhört, fokussiert und konzentriert dabei zu sein.

Es kann vorkommen, dass ihr euch etwas erschreckt, wenn ihr die Aura plötzlich spüren könnt. Es ist so neu, dass es vielen beinahe unheimlich vorkommt. Aber vergesst nicht: Ihr könnt die Übung jederzeit beenden, indem ihr aufhört, euch zu konzentrieren. Lenkt eure Aufmerksamkeit auf etwas anderes, dann wird eure Wahrnehmung der Aura verblassen.

Je besser du dich konzentrieren kannst, desto erfolgreicher wirst du die Aura wahrnehmen und damit arbeiten können. Wichtig ist, zu verstehen, dass wir die Aura nicht erst erschaffen. Sie ist schon da. Wenn wir aber bewusst Kontakt zu ihr aufbauen, können wir sie dehnen, weiten und stärken.

ca. 15 Minuten

Partnerübung: Aurawahrnehmung

Auch für diese Übung benötigst du einen Partner. Dieser legt sich entspannt auf den Boden. Lasse ihn sich in deiner Gegenwart sicher und wohlfühlen.

Stelle dich neben ihn, beobachte einfach für ein paar Minuten, wie er dort liegt. Sei ohne Erwartung, und genieße den Moment.

Achte nicht auf Äußerlichkeiten, löse dich von der oberflächlichen Welt der Wahrnehmung. Es interessiert dich nicht, welche Uhr die Person trägt, ob ihre Kleidung teuer ist oder ob sie unterschiedliche Socken trägt. Löse deinen Blick von allem Äußeren.

Wie fühlt sich die Aura der Person an? Strömt sie Wärme und Liebe aus oder eher Kälte und Angst? Wie fühlst du dich in der Gegenwart deines Übungspartners?

Du musst nicht gleich alle Details erfassen. Mache dir keinen unnötigen Druck. Lasse die Energie einfach auf dich wirken.

Vielleicht kannst du wahrnehmen, wo die Person festhält und verkrampft ist. Schaue dir ihren Körper an. Sind ihre Schultern oder der Kiefer verkrampft, oder sind ihre Augenlider zugekniffen? Kannst du vielleicht erkennen, ob ihre Arme und Hände verspannt sind, obwohl sie nichts tut, außer auf dem Boden zu liegen? Kannst sehen, ob sie Leichtigkeit ausstrahlt oder eher Schwere? Nimm all das zur Kenntnis.

Setze dich nun auf den Boden. Gehe entspannt und fokussiert mit deinen Händen über den Körper deines Übungspartners, aber berühre ihn dabei nicht. Taste seine Aura ab, und stelle fest, wie nahe du dem Körper mit deinen Händen kommen musst, um etwas zu spüren. Das kann ein Kribbeln in den Händen sein. Es kann sich auch wie ein Widerstand anfühlen, wie Hitze oder Elektrizität. Auch die liegende Person kann etwas Derartiges spüren, vielleicht einen Schauer, plötzliche Wärme oder Kälte.

Taste das Energiefeld über dem Körper ab, vom Kopf bis zu den Füßen. Wo ist das Gefühl der Aura in deinen Händen besonders intensiv, und wo ist es nur schwach wahrnehmbar?

Nimm am Ende deine Hände wieder sehr langsam zurück, und entferne dich achtsam aus dem Energiefeld der liegenden Person. Ihr könnt noch für einen Augenblick nachspüren und dann die Rollen wechseln.

Manche Menschen haben eine sehr lebendige, vibrierende Aura, die selbst aus weiter Entfernung noch stark zu spüren ist, als würde sie einen ganzen Raum ausfüllen. Es scheint etwas aus ihnen herauszuströmen, eine Wärme, eine Energie, die anziehend und belebend wirkt. Wir fühlen uns in der Gegenwart solcher Menschen angeregt und inspiriert. Wir bekommen Energie, anstatt dass sie uns entzogen wird.

Menschen, deren Aura nicht strahlend und gesund ist, können wenig Energie geben. Sie nehmen sie von außen auf, statt sie in sich selbst zu erzeugen. Das führt zu allen möglichen Problemen. Zum Beispiel, von Personen abhängig zu sein und das Gefühl zu haben, ohne sie nicht leben zu können. **Wir tauschen immer Energie aus, ob uns das bewusst ist oder nicht. Wer viel Energie hat, versorgt automatisch jene, die weniger haben.**

Und die, die viel Energie haben, aber Grenzen grundsätzlich für schlecht halten, fühlen sich oft ausgelaugt, nachdem sie Energie willentlich oder unwissentlich abgegeben haben. Viele haben das Gefühl, dass sie sich aufopfern müssen, dass sie nicht wichtig sind, sondern ausschließlich das Wohl der anderen von Bedeutung ist. Dann ist es nur eine Frage der Zeit, bis sie selbst nicht mehr genug Energie zur Verfügung haben. Die eigene Kraft muss lebendig und gesund sein, damit sie auch zum Wohl anderer beitragen kann. Wir müssen wissen, wann und wie wir zu geben haben, um selbst in unserer Kraft zu bleiben.

Oft höre ich die Frage, wie wir uns schützen sollen, um nicht ausgelaugt zu werden, um Energie nicht zu verlieren, wenn wir mit Menschen energetisch arbeiten. Manchmal möchten wir mehr Energie geben, weil wir auf mehr Gegenliebe oder Anerkennung hoffen und nicht, weil es wichtig ist, zu dem gegebenen Zeitpunkt mehr zu geben. Die Intuition scheint uns in diesen Momenten nicht zu leiten. Denn wenn sie wirken würde, würden wir fühlen, wann es angebracht ist, sich zurückzuziehen, und wann, sich einzubringen. Dann verlören wir keine Kräfte. Wir fühlten uns nicht unserer Energien beraubt und beschuldigten die Menschen nicht des Vampirismus, was man in der spirituellen Szene immer wieder hört.

Jemand, der wenig Energie hat, versucht meist unbewusst, an Energie zu kommen. Und er merkt oft nicht, wenn er anderen Menschen ihre Kraft raubt. Und wenn der andere das auch nicht mitbekommt, entsteht eine disharmonische Situation. Keiner ist dann wirklich innerlich im Gleichgewicht. Der eine ahnt, dass er so nicht auf Dauer an Energie kommen kann und fühlt unbewusst eine Schuld. Der andere wollte mehr geben, als es richtig war, und weiß jetzt selbst nicht, wie er seinen Energietank wieder auffüllen soll.

Damit der Gebende nicht zu viel Energie verliert, ist es wichtig, dass er sich Gedanken darüber macht, warum er eigentlich seine Energie teilen möchte. Ist es, um selbst mehr Liebe zu bekommen? Möchte er seine heilenden Fähigkeiten zur Schau stellen und als großer Heiler gelten? Oder entspringt es einem tiefen Herzenswunsch, den Empfänger glücklicher und gesünder zu sehen? Glaubt man dabei zu wissen, dass der andere es braucht, ganz gleich, ob er es möchte oder nicht? Oder kann man in aller Demut zurücktreten, falls der andere nicht wirklich offen dafür ist, Energie anzunehmen? **Wenn die Motivation stimmt, müssen wir uns keine Sorgen darüber machen, Energie zu verlieren.**

Natürlich gibt es auch Menschen, die bewusst anderen Energie rauben. Sie laben sich an dem Gefühl der Macht und der Dominanz. Sadismus und Narzissmus sind nicht so selten, wie der Mensch mit einem großen Herzen, aber wenig Grenzen und Selbstschutz glauben möchte.

Es ist wundervoll, andere Menschen mit Energie und Liebe zu segnen, aber wir sollten dabei auch wissen, wo die eigenen Grenzen und die Grenzen des anderen sind. Nicht jeder möchte mit Energie überschüttet werden, und hier gilt es, den freien Willen zu respektieren, ganz gleich, wie sehr wir davon überzeugt sind, dem anderen helfen zu können. Wer nicht bereit ist, dem sollten wir unsere Unterstützung nicht aufzwingen. Und ohnehin: Jeder Mensch hat das Potenzial in sich, sich selbst zu heilen. Wenn die Zeit reif ist, erwacht der Wunsch, die innere Quelle zu finden.

Alles hat ein Energiefeld und wirkt durch seine Ausstrahlung auf uns ein. Denn Materie ist nicht so leblos, wie sie scheint. Alles hat ein Bewusstsein, selbst der Stein.

Die Chakras sind Energiezentren, Kreuzpunkte sämtlicher Energiebahnen. Sieben solche starken Hauptknotenpunkte liegen innerhalb unseres Körpers. Wenn die Energie frei durch alle fließen kann, fühlen wir uns absolut in Harmonie mit allem, was ist. Insbesondere wenn die oberen Chakras offen sind, wird unsere Intuition stark, und wir erkennen, dass es ein Bewusstsein jenseits der fünf Sinne gibt. Die tiefe Erkenntnis, dass alles von einem Bewusstsein durchströmt wird und wir selbst niemals etwas anderes waren als dieses, erwacht, wenn die Energie das höchste Chakra am Scheitel erreicht hat. Aber das ist eine sehr hohe Stufe des Erkennens, und die meisten Menschen sind schon froh, wenn sie etwas mehr innere Ausgeglichenheit und Ruhe in ihr Leben bringen können.

In der Regel sind nicht immer alle Chakras harmonisiert und vollständig geöffnet. Und bei einem Großteil der Menschen sind hauptsächlich die unteren drei Zentren aktiv. Diesen werden die Themen »Sicherheit«, »Sex«, »allgemeines sinnliches Vergnügen«, »Dynamik« und »Ehrgeiz« zugeordnet. Darüber hinaus besteht oft wenig Interesse an den anderen Chakras. »Höhere Liebe«, »Kreativität«, »Visionen« und »Einheitserfahrung« spielen eine untergeordnete Rolle. Aber gerade die Erweckung der höheren Zentren führt zu einer Sensibilisierung, die unabdingbar für die Intuition ist. **Wir können mit unseren groben Sinnen keine feinen Schwingungen zur Kenntnis nehmen.** Dafür müssen wir feinsinniger werden, das heißt, eine innere Transformation in Gang setzen. Ansonsten bleibt das intuitive Erfassen der Wirklichkeit nur ein Wunschtraum.

Um die Seelenkräfte und damit auch die Intuition zu erwecken, müssen die Chakras gereinigt und von Blockaden befreit werden. Das ermöglicht es der Energie, leichter die Wirbelsäule hochzufließen. Bleibt sie im Bauch oder im Becken, interessieren uns hauptsächlich Essen, Sex, Wettkampf, Sicherheit. **Erst wenn die Energie feiner wird, steigt sie auf.** So, wie Wasser bei großer Hitze verdampft, so wandelt sich unsere Energie vom Grobstofflichen zum Feinstofflichen, wenn wir das innere Feuer unserer Seele entfachen. Wir müssen völlig bereit dafür sein und einen starken Willen zur Wandlung und Transformation haben, um wirklich etwas in Gang zu setzen. Im Grunde ist es wie mit allem anderen im Leben: Wenn wir nicht mit ganzem Herzen bei einer Sache sind, werden wir keinen Erfolg haben.

Auf psychischer Ebene werden den Chakras bestimmte Themen, Charaktereigenschaften und Lebenseinstellungen zugeordnet. Wenn wir ein Chakra nach dem anderen reinigen und öffnen, tun wir das simultan mit den jeweiligen Eigenschaften des Chakras. Das bedeutet nichts anderes, als dass wir innerlich wachsen, wenn wir unsere Chakras harmonisieren.

Die Chakras sind außerdem mit den Organen verbunden, die sich in ihrem jeweiligen Strahlungsfeld befinden. Das Herzchakra in der Brustmitte zum Beispiel beeinflusst unter anderem das physische Herz und die Lunge. Wenn wir Probleme damit haben, unser Herz zu öffnen, Liebe zu geben und zu empfangen, dann ist hier nicht nur das feinstoffliche Herzzentrum beeinträchtigt, sondern auch das physische Herz und der Blutkreislauf im Allgemeinen. Psychische Aspekte stehen in direkter Verbindung zu physischen Organen und Funktionen. Bevor sich eine Energie in unserem physischen Körper zum Beispiel als Blockade verfestigt, ist sie als Allererstes als Glaubenssatz oder Einstellung vorhanden. Diese sind noch feinstofflich und erzeugt eine entsprechende Energieschwingung. Schon bald zeigt sich die Energieschwingung in Form von Emotionen, und diese beeinträchtigen den physischen Körper. Es findet also eine Verankerung der Energie vom Feinstofflichen zum Grobstofflichen hin statt. **Wenn wir Balance herstellen möchten, müssen wir zunächst zu unseren Wurzeln gehen, also unsere Lebenseinstellung prüfen und ändern.** Dadurch erzeugen wir heile Energieschwingungen, die sich ausbreiten und unser ganzes Sein erfassen und heilen.

Die nachfolgenden Übungen sollen dir verdeutlichen, in welchen Chakras deine Energie fließt und wo sie blockiert ist. Dann geht es darum, die Energien zu aktivieren und das entsprechende Chakra zu öffnen. Es kann sein, dass du zu Anfang etwas Geduld aufbringen musst, um überhaupt etwas zu spüren. Wir sind es nicht gewohnt, uns selbst in der Stille zu begegnen und wahrzunehmen. Ja, selbst das Wahrnehmen physischer Prozesse fällt uns häufig schwer, ganz zu schweigen von den feineren, energetischen Vorgängen. Erst wenn eine Krankheit sich manifestiert hat, spüren wir uns plötzlich. Leider durch den Schmerz, aber immerhin empfinden wir etwas. Damit es nicht so weit kommt, müssen wir lernen, feinfühliger zu werden und wahrzunehmen, wenn der Körper auf feinstofflicher Ebene Spannungen oder Energiemängel aufweist. Dann können wir dort für Heilung sorgen, um Krankheiten vorzubeugen.

Du kannst jede Übung für sich machen, wann immer du möchtest. Ich empfehle dir aber, das erste Mal alle Chakraübungen hintereinander zu machen, um überhaupt ein Bild davon zu bekommen, wo deine Energie frei fließt und wo sie blockiert ist. Pro Chakra benötigst du etwa 5 Minuten, insgesamt also 35 Minuten. Du kannst dir auch Notizen zu jedem Chakra machen, nachdem du die jeweilige Übung durchgeführt hast. Das hilft dir, das Erlebte besser zu verstehen. Mit einer Skala von 1 bis 5 kannst du einschätzen, wie leicht dir die Übungen gefallen sind: Bei 1 war die Übung sehr leicht, und bei 5 war sie sehr schwer. Sobald du weißt, welche Chakras blockiert sind, kannst du dich stärker auf diese fokussieren, um dort mehr Lebendigkeit hineinzubringen.

Im Folgenden betrachten wir die einzelnen Chakras und beschäftigen uns mit ihrer jeweiligen speziellen Energie.

Das Wurzelchakra

Das erste Energiezentrum wird Wurzelchakra oder auch Muladhara (Sanskrit) genannt. Es befindet sich bei Frauen in der Nähe des Muttermunds, bei Männern in der Nähe des Damms, also zwischen After und Genitalien. Dieses Energiezentrum wirkt auf die Geschlechts- und Ausscheidungsorgane und das Skelett ein und ist auch dem Geruchssinn zugeordnet. **Ist das Chakra offen, fühlen wir uns geborgen, sicher, am richtigen Ort und haben das Vertrauen, dass immer das Beste geschieht.** Ist die Energie im Wurzelchakra aber blockiert, fehlt es uns an innerer Sicherheit, Standfestigkeit und Kraft. Wir fühlen uns ständig instabil und unruhig. Wir sind voller Sorgen, Zweifel und haben das Gefühl, nirgends zu Hause zu sein, keine Wurzeln zu haben.

Diesem Energiezentrum ist die Farbe Rot zugeordnet. Sie steht für Vitalität und Kraft. Andererseits kann sie aber auch für Aggression, Gewalt und Gefahr stehen, wenn in diesem Chakra Disharmonie herrscht.

Wenn die Energie im Wurzelchakra nicht in Harmonie ist, kümmern wir uns entweder gar nicht um unsere Basis und fühlen uns dadurch im Leben ganz unsicher und verloren.

Oder aber wir widmen unsere ganze Zeit ausschließlich der Sicherheit und dem Überleben. Die eigenen Seelenkräfte zu entfalten, erscheint völlig überflüssig. Wir wissen dann nicht, wozu Intuition, Kreativität, Empathie gut sein sollen. Alles, was wir kennen, sind Arbeit und Sicherheit. Das Leben macht wenig Freude. Ist das Wurzelchakra hingegen gesund, fühlen wir uns versorgt und aufgehoben im großen Ganzen. **Wir lieben das Leben und genießen es.**

Der spirituelle Mensch versucht oft ganz bewusst, dem Wurzelchakra zu entfliehen, denn er hat Sorge, ansonsten in unteren Ebenen des Seins festzustecken. Er will nach oben, wo Leichtigkeit und Liebe und der Geist ihm Flügel verleihen. Alles Wollen und Hoffen wird auf ein Jenseits verlegt. Er ist sich sicher, dass das Glück nicht im Irdischen liegt. Das Leben wird bloß als Durchgang zu einer besseren Ebene verstanden, nichts, dem wir große Bedeutung beimessen sollten. Dadurch erscheint das Leben oberflächlich und leer. Begeisterung und Vitalität gehen verloren und auch jegliche Motivation, etwas zu erschaffen, was mehr Freude bereiten könnte. Der Mensch versucht, keine Wurzeln im Irdischen zu schlagen, aus Angst, starr und unbeweglich zu werden. Deshalb schneidet er sie ab und wundert sich dann, dass das Leben keinen Sinn ergibt.

Wir können aber lernen, das Göttliche in jedem Grashalm zu sehen und zu verstehen, dass wir den Himmel auf Erden erschaffen können, wenn wir die Energien höherer Zentren auf das Irdische lenken und es dadurch mit Lebendigkeit und Geist erfüllen. Natürlich geht es nicht darum, den Geist zugunsten von Sicherheit und irdischem Genuss aufzugeben. Vielmehr sollte der Geist, also die höheren Chakras, aktiv sein, während wir die Freuden der Erde erleben. Denn dann werden wir uns nicht entwurzelt und schwer fühlen, sondern kreativ und inspiriert unsere Erfahrungen auf immer höhere Stufen heben.

ca. 5 Minuten

Übung: Wahrnehmung und Harmonisierung des Wurzelchakras

Lege dich mit dem Rücken auf eine Unterlage, und spreize deine Beine und Arme etwas vom Körper ab. Lasse deinen Kiefer und deine Schultern dabei locker.

Fühle in dein Wurzelzentrum hinein. Kannst du den Bereich sofort wahrnehmen, oder brauchst du etwas Zeit, bis du die Stelle fühlen kannst? Fühlt sie sich lebendig und warm an? Spürst du dort eine pulsierende Kraft? Oder ist der Bereich kühl und verspannt? Fühlst du diesen Teil deines Körpers überhaupt? (Denn zu manchen Chakras können wir kaum Verbindung aufbauen, weil die Energie dort noch nicht stark genug fließt.)

Frauen platzieren jetzt eine Hand ungefähr zwei Handbreit unter dem Nabel, auf der Höhe des Muttermunds. Männer legen eine Hand auf ihren Damm. Du kannst deine Hand auch etwas genauer platzieren, wenn du das Gefühl hast, noch nicht an der richtigen Stelle zu sein. Vertraue deiner Intuition.

Stelle dir bei jedem Einatmen vor, wie ein intensiv strahlendes, kraftvolles rotes Licht in deine Hand fließt, und beim Ausatmen, wie es von der Hand in den entsprechenden Bereich strömt. Mit jedem Ausatmen fließt immer mehr wohltuende Energie in dich herein und schenkt dir Sicherheit, Stabilität und tiefe Geborgenheit.

Nimm am Ende deine Hand wieder zurück auf den Boden, und spüre für einen Moment nach. Vielleicht kannst du jetzt wahrnehmen, wie sich die Energie vom Wurzelchakra aus im gesamten Becken und darüber hinaus ausdehnt, ein Kribbeln, das sich nicht nur im Wurzelchakra bemerkbar machen kann, sondern vor allem auch in den Beinen, Händen und Armen. Manchmal kommt es auch zu leichten Zuckungen. Vielleicht nimmst du eine Hitze wahr oder ein Gefühl von »heißer Kälte«, also Wärme und Kälte zugleich. All das sind Anzeichen dafür, dass deine Energie verstärkt fließt. Vielleicht nimmst du aber auch einfach nur wahr, dass du dich entspannter und insgesamt wohler fühlst. Deine Energie wird bei dieser Übung auf jeden Fall harmonisiert und aktiviert, ganz gleich, ob du sie bewusst wahrnimmst oder nicht.

Das Sakralchakra

Das zweite Chakra befindet sich in der Nähe des Steißbeins, es wird auch Swadhisthana (Sanskrit) oder Sakralchakra genannt. Das Steißbein ist gleichzeitig Teil der Wirbelsäule und des Beckens. Somit wirkt die Energie des Sakralchakras sowohl auf die Geschlechtsorgane als auch auf Nieren und Blase ein. **Dieses Chakra gilt als der Sitz des Unterbewussten, ein Lager für Eindrücke, Erfahrungen und Erinnerungen.** Allerdings werden diese hier nicht geordnet und gefiltert, sondern lediglich gespeichert – in ihrer ursprünglichen, rohen Form.

Das Sakralchakra ist dem Element Wasser und dem Geschmackssinn zugeordnet. Die Farbe des Chakras ist Orangerot. Es ist mit der Zunge und den Geschlechtsorganen verbunden und hat eine weiche, aufnehmende, fließende Energie. Seine Themen sind »Genuss« und »Verlangen«. Wie wir mit dem Genuss umgehen, ob vernünftig oder im Übermaß, hängt davon ab, wie sehr der bewusste Part in uns entwickelt ist und zum Einsatz kommt. Wenn das höhere Bewusstsein es nicht verhindert, dann sind wir leicht von heftigem Verlangen nach Genuss überwältigt und erliegen allen möglichen Süchten. Ganz besonders schwer wiegen Essen und Sex. Wir glauben, dass es im Leben nur um Genuss geht, und verlieren aus den

Augen, dass auch andere Aspekte des Lebens, zum Beispiel bedingungslose Liebe, Imagination, Zielsetzung, Vision usw. eine wichtige Rolle spielen. Die Genusssucht ist so stark, dass sie alles andere verdrängt und überwältigt. Wir erleben uns und die Welt aus einer eingeschränkten Perspektive heraus. Auf der anderen Seite liegt aber auch eine Störung vor, wenn wir kaum etwas genießen können: Wir sehen den schönen Sonnenuntergang nicht, essen ohne Freude und schlingen alles hektisch hinunter. Die unzähligen schönen Dinge des Alltags ziehen an uns vorbei, ohne dass wir sie wahrnehmen. Dann haben wir das Gefühl, dass das Leben nichts Freudvolles zu bieten hat und wir nur noch arbeiten.

Erst wenn auch die höheren Daseinsebenen mitschwingen, wird unsere sinnliche Wahrnehmung feiner und schenkt dauerhaft Freude, statt Süchten und Anhaftungen einen Nährboden zu geben.

Übung: Wahrnehmung und Harmonisierung des Sakralchakras

ca. 5 Minuten

Lege dich mit dem Rücken auf eine Unterlage, und spreize deine Beine und Arme etwas vom Körper ab. Lasse deinen Kiefer und deine Schultern dabei locker.

Das Chakra befindet sich in der Nähe des Steißbeins und strahlt auch nach vorn aus. Wie fühlt sich der Bereich deines Unterleibs an? Angenehm oder unangenehm? Vertraut oder fremd? Ist er locker oder verspannt? Warm oder kalt? Empfindest du überhaupt etwas im Unterleib, vor allem weiter hinten an der Wirbelsäule, oder fällt es dir schwer, dort hineinzuspüren?

Lege eine Hand unter deinem Nabel auf deinen Unterleib. Mit jedem Einatmen füllt sich deine Hand mit einem warmen, orangeroten Licht. Beim Ausatmen nimmst du wahr, wie es deinen unteren Bauch und dein Becken in wohligen Wellen durchströmt. Mit jedem Ausatmen genießt du immer mehr die wärmende, wohltuende Energie. Du verdienst es, dass es dir auf allen Ebenen gut geht. Du erlaubst dir, dich körperlich wohlzufühlen, dich in der Fülle des Lebens gut behütet zu wissen.

Lege deine Hand am Ende zurück auf den Boden, und lasse die Übung für einen Moment nachwirken. Vielleicht kannst du jetzt wahrnehmen, wie sich die Energie vom Sakralchakra aus im gesamten Becken und sogar darüber hinaus ausdehnt. Achte auf die kleinsten Veränderungen. Vielleicht fühlst du ein sanftes Kribbeln, das sich nicht nur im Sakralchakra bemerkbar macht, sondern auch im Rücken, in den Beinen, Händen und Armen. Manchmal kommt es auch, wie bei der Übung am Wurzelchakra, zu leichten Zuckungen. Oder du nimmst eine Hitze wahr oder ein Gefühl von »heißer Kälte«, also gleichzeitig Wärme und Kälte. All das sind Anzeichen dafür, dass deine Energie verstärkt fließt. Vielleicht nimmst du aber auch einfach nur wahr, dass du dich entspannter und insgesamt wohler fühlst.

Das Nabelchakra

Wir wandern nun weiter zum Bauch. In der Höhe des Bauchnabels, an der Wirbelsäule, liegt das dritte Chakra, Manipura (Sanskrit) oder auch Solarplexus- oder Nabelchakra genannt. Es strahlt von der Wirbelsäule in alle Richtungen aus. Seine Farbe ist Gelb wie die wärmende Sonne. Das Nabelchakra steht mit dem Magen, dem Verdauungstrakt, dem Pankreas und der Leber in Verbindung und wird darüber hinaus dem Sehsinn zugeordnet. **Wenn die Energie in diesem Zentrum frei fließt, strahlen die Augen voller Enthusiasmus und Kraft.** Das Nabelchakra ist unsere innere Sonne, die, wenn sie kraftvoll scheint, den Wunsch und den Willen zur Tat erzeugt: Wir wollen uns bewegen und lieben es, am Leben zu sein. Wir wollen uns in der Welt einbringen, etwas tun, etwas erreichen. Wir setzen uns enthusiastisch Ziele, sind voller vibrierender, vitaler Energie, Durchsetzungskraft, Mut und Begeisterung. Ist das Nabelzentrum aktiv und harmonisiert, können wir nicht nur Nahrung, sondern auch Gefühle besser verdauen. Wir können sie leicht loslassen und müssen sie nicht ewig hin und her wälzen.

Wenn dieses Chakra unterversorgt ist, haben wir keine Motivation, sind lethargisch und ohne Elan und Enthusiasmus. Der

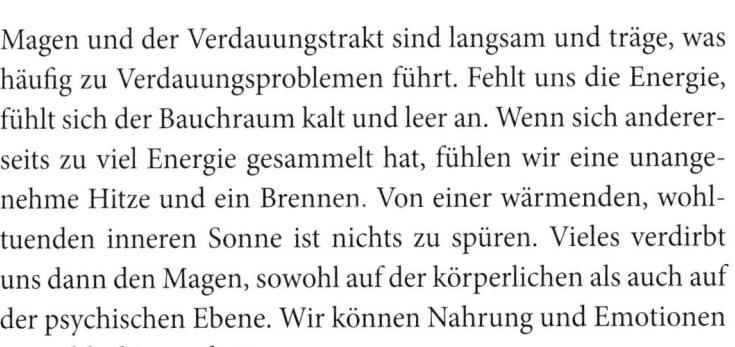

Magen und der Verdauungstrakt sind langsam und träge, was häufig zu Verdauungsproblemen führt. Fehlt uns die Energie, fühlt sich der Bauchraum kalt und leer an. Wenn sich andererseits zu viel Energie gesammelt hat, fühlen wir eine unangenehme Hitze und ein Brennen. Von einer wärmenden, wohltuenden inneren Sonne ist nichts zu spüren. Vieles verdirbt uns dann den Magen, sowohl auf der körperlichen als auch auf der psychischen Ebene. Wir können Nahrung und Emotionen nur schlecht verarbeiten.

Das Zentrum kann also auch überaktiv sein. Haben wir zum Beispiel ein schlechtes Unterscheidungsvermögen und fehlt es uns an Herzensqualitäten, gelangen wir leicht zu der Annahme, dass es im Leben allein um Aktivität geht. Das führt zu Stress, Burn-out und dem andauernden Gefühl, niemals genug zu sein. Menschen mit einem überaktiven Nabelzentrum sollten regelmäßig längere Zeit in der Natur verbringen, um sich zu regenerieren. Und ich meine damit nicht Radsport und sonstige anregende Aktivitäten, sondern eher spazieren gehen, die Natur betrachten, sich an einen Baum lehnen, auf einer Wiese liegen, die Wolken beobachten. Damit es erst gar nicht zum Burn-out kommt, sollten wir täglich mindestens 30 Minuten entspannt in der Natur verbringen.

Um unsere Seelenkräfte zu erwecken, müssen wir Stille, Ruhe und Langsamkeit in unser Leben bringen. Zu viel Feuer, zu viel Aufregung machen uns nervös und überreizt. Diese Überaktivität erlaubt es uns nicht, uns nach innen zu wenden. Feinfühligkeit wird so kaum möglich. Die aktive Energie ist lebensnotwendig und sehr wohltuend, allerdings kann sie uns auch schaden, wenn wir uns ihr im Übermaß zuwenden. Die folgende Übung kann dir dabei helfen, die Energie in deinem Nabelchakra in Balance zu bringen.

ca. 5 Minuten

Übung: Wahrnehmung und Harmonisierung des Nabelchakras

Lege dich mit dem Rücken auf eine Unterlage, und spreize Beine und Arme etwas vom Körper ab. Lasse deinen Kiefer und deine Schultern locker.

Fühle nun in deinen Bauch hinein. Was fühlst du dort? Kannst du deinen Bauch sofort wahrnehmen, oder brauchst du etwas Zeit, um dich mit diesem Bereich zu verbinden? Fühlt es sich dort lebendig und warm an wie eine wohltuende innere Sonne, oder ist es dort kühl und verspannt? Vielleicht nimmst du auch ein unangenehmes Gefühl von Hitze oder ein Brennen wahr.

Lege eine Hand auf deinen Bauchnabel. Du kannst sie auch etwas genauer platzieren, wenn du das Gefühl hast, noch nicht an der richtigen Stelle zu sein. Vertraue deiner Intuition.

Stelle dir bei jedem Einatmen vor, wie wohltuendes, warmes, goldgelbes Sonnenlicht in deine Hand fließt, und beim Ausatmen, wie es deinen Bauch durchströmt. Die Sonnenstrahlen

harmonisieren deinen ganzen Bauchraum. Mit jedem Ausatmen fließt wohltuende, warme Energie in deinen Körper und schenkt dir neuen Lebensmut und Lebensfreude.

Lege deine Hand am Ende wieder entspannt auf den Boden, und lasse die Übung nachwirken. Vielleicht kannst du jetzt wahrnehmen, wie sich die Energie vom Nabelchakra aus im gesamten Bauch und darüber hinaus ausdehnt. Vielleicht fühlst du ein Kribbeln, nicht nur im Nabelchakra, sondern auch im Rücken, im Brustkorb, in deinen Händen und Armen. Es können auch leichten Zuckungen auftreten. Oder du nimmst eine Hitze wahr oder eine »heiße Kälte«, also Wärme und Kälte zugleich. All das sind Anzeichen dafür, dass deine Energie wieder fließt. Vielleicht nimmst du aber auch einfach nur wahr, dass du dich entspannter und insgesamt wohler fühlst. Deine Energie wurde harmonisiert und aktiviert, ganz gleich, ob du sie bewusst wahrnimmst oder nicht.

Das Herzchakra

Das vierte Chakra, Anahata (Sanskrit) oder auch Herzchakra genannt, befindet sich in der Höhe des Herzens an der Wirbelsäule. Dieses Chakra liegt in der Mitte zwischen den unteren drei Chakras und den oberen drei. Die unteren sind irdischer, weltlicher und die oberen Chakras geistiger Natur. Sobald die Energie in deinem Herzen angekommen ist, erscheint dir die geistige Welt nicht mehr so befremdlich wie aus der Perspektive der unteren Chakras.

Dieses Energiezentrum steuert Herz, Lunge, Brust, Arme und Hände. Seine Farbe ist Grünblau. Ihm ist der Tastsinn zugeordnet, nicht nur auf physischer, sondern auch auf der feinstofflichen Ebene, das innere Berührt-Sein. **Ist das Herzchakra aktiv, sind wir nicht von unseren Empfindungen abgeschnitten, sondern nehmen alles achtsam wahr.** Es berührt uns, wie Menschen und alles Lebendige behandelt werden. Wir sind keine teilnahmslosen Zuschauer, sondern fühlen, nehmen am Leben teil. Eine Liebe ist zu spüren, die mehr als unsere Familie umfasst. Wir beginnen, die Menschheit als Erweiterung unser selbst wahrzunehmen. Auf der Ebene des Herzzentrums erkennen wir die wirkliche Bedeutung der Aussage: »Was du anderen zufügst, fällt auf dich zurück.« Bedingungslose Liebe ist hier kein abstrakter Begriff mehr.

Menschen mit einem geöffneten Herzen fühlen Liebe zu allem und jedem, selbst zu denen, die ihnen Schaden zufügen und sämtliche Grenzen überschreiten. Der Herzensmensch weiß sich häufig nicht zu schützen, was dazu führen kann, dass er schlecht behandelt wird. Wenn der Verstand nicht gut arbeitet, das Herz aber völlig offen ist, ist alles nur Gefühl, nur Ausdehnung, nur Liebe. Das macht blind für Menschen mit narzisstischen Neigungen. Leicht fühlen wir uns als Opfer und verstehen nicht, wie es dazu kommen konnte, nahmen wir doch an, dass nichts falsch gehen kann, solange die Liebe herrscht. Aber die Liebe kann auch süchtig machen, so wie Essen, Sex, Macht usw. Liebe ist nicht gleich Liebe.

Wenn die Liebesenergie stärker nach unten fließt, in Richtung Becken und der unteren Chakras, vermischt sie sich mit Sinnlichkeit und sexuellem Verlangen. Dann sprechen wir von romantischer Liebe. Fließt die Herzensenergie aber stärker nach oben, in Richtung Hals und Kopf, wird das Liebesempfinden unpersönlicher und eher transzendenter, geistiger Natur. Wir beginnen, bedingungslos zu lieben, jenseits des Physischen und des Emotionalen.

Unsere Hände und Arme werden von der Energie des Herzzentrums versorgt. Wir erkennen einen Menschen mit offenem Herzen daran, dass seine Berührungen fein und sensibel sind. Seine Liebesenergie fließt durch die Arme und Hände in die Welt. Ist unsere Energie aber blockiert, spüren wir wenig liebevolle Verbindung zur Außenwelt. Hände und Arme erledigen dann die vielfältigsten Tätigkeiten, aber es kümmert uns wenig, ob Liebe in die Arbeit hineinfließt. Wir verwenden unsere Hände dann nicht dazu, liebevolle Gefühle zum

Ausdruck zu bringen. Oft spüren wir dann eine Leere, Enge, ein Brennen oder fühlen uns wund in der Brustgegend. Wenn das Herzzentrum unterversorgt ist, fühlt sich unser Brustkorb eingefallen und verspannt an. Es kann auch vorkommen, dass wir schon bei leichtem Druck gegen den Brustkorb Schmerzen verspüren. Oft sind dann auch die Schultern nach vorn gezogen, der Kiefer steht unter starker Spannung, und wir atmen flach. Ein offenes Herz fühlt sich dagegen warm, pulsierend und weit an. Ist das Herzzentrum in guter Verfassung, fühlen wir uns vom Leben umarmt und geliebt. Der Brustkorb wird von den Schultern freigegeben, und wir atmen entspannt und tief. Dann fühlen wir Freiheit statt Enge und Begrenzung.

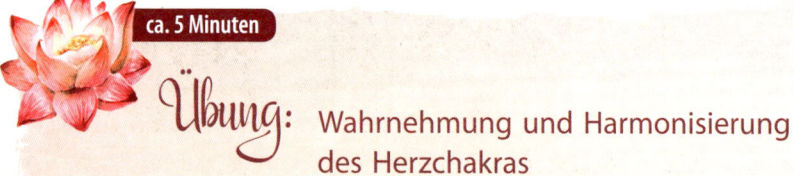

ca. 5 Minuten

Übung: Wahrnehmung und Harmonisierung des Herzchakras

Lege dich mit dem Rücken auf eine Unterlage, und spreize deine Beine und Arme etwas vom Körper ab. Dein Kiefer und deine Schultern sind locker.

Fühle bewusst in deine Brustmitte hinein. Kannst du diesen Bereich sofort wahrnehmen, oder brauchst du etwas Zeit, um ihn zu spüren? Welches Gefühl stellt sich spontan ein? Ist es angenehm oder unangenehm? Ist deine Brust eng und verspannt oder frei und offen? Fühlt es sich dort kühl oder warm an? Vielleicht fühlst du aber auch nur Leere.

Nachdem du den Bereich bewusst wahrgenommen hast, lege eine Hand auf die Mitte deines Brustkorbs. Du kannst deine Hand auch etwas genauer platzieren, wenn du das Gefühl hast, noch nicht an der richtigen Stelle zu sein.

Stelle dir vor, dass mit jedem Einatmen Liebe und Sanftheit in deine Hand hineinfließen und beim Ausatmen Wellen von Liebe und Sanftheit durch deine Hand in deinen Brustkorb hereinströmen. Du nimmst wahr, wie all die Liebe, die du dir ersehnst, nun zu dir fließt. Mit jedem Atemzug mehr. Das Energiezentrum des Herzens blüht auf wie eine schöne Blüte. Spüre, wie es sich mit jedem Ausatmen ausdehnt und wärmend pulsiert. Du fühlst dich geliebt. Du bist ganz geborgen und voller innerer Wärme.

Lege deine Hand am Ende wieder zurück auf den Boden, und spüre für einen Moment nach. Kannst du jetzt wahrnehmen, wie sich die Energie vom Herzchakra aus im gesamten Brustkorb und vielleicht auch darüber hinaus ausdehnt? Vielleicht fühlst du Wärme oder ein Kribbeln, nicht nur im Herzchakra, sondern auch im Rücken, im Hals, in den Armen und Händen und im Bauch. Ab und zu kommt es auch zu leichten Zuckungen. Oder du nimmst eine Hitze wahr oder ein Gefühl von »heißer Kälte«, also Wärme und Kälte gleichzeitig. Das sind Anzeichen dafür, dass deine Energie verstärkt fließt. Vielleicht nimmst du aber auch einfach nur wahr, dass du dich entspannter und wohler fühlst.

Das Halschakra

Das Halschakra, auch Vishuddhi (Sanskrit) genannt, ist das fünfte große Energiezentrum und befindet sich in der Kehle. Es steht physisch in Verbindung mit der Schilddrüse, der Speise- und Luftröhre, dem Kiefer, den Ohren und der Stimme, und wirkt auch auf den Gehörsinn. Ihm wird die Farbe Indigoviolett zugeordnet.

»Authentizität«, »Selbstausdruck« und »Kreativität« sind Themen des Halschakras. Kommunikation und Verbindung fallen uns leicht, wenn dieses Chakra in Harmonie ist. Wir müssen nicht brüllen und uns in Aggressionen erschöpfen, um gehört zu werden, sondern wissen uns angemessen Gehör zu verschaffen und mitzuteilen, was uns wichtig erscheint. Wenn das Halschakra in Harmonie ist, haben wir einen feinen Hörsinn. Unsere Stimme klingt angenehm melodisch, und wir finden leicht Worte, um uns angemessen auszudrücken. Sobald dieses Chakra frei ist, verstehen wir, warum eine derbe Wortwahl nicht konstruktiv ist. Wir fühlen, dass sie unser Energiesystem schwächt und verunreinigt.

Viele Menschen drücken nicht aus, was ihnen auf dem Herzen liegt, weil sie sich aus unterschiedlichen Gründen nicht trauen. Entweder, sie vermuten, andere vor den Kopf zu stoßen und nicht mehr geliebt zu werden, oder sie denken, sie verdienen es nicht, sagen zu dürfen, was ihnen wichtig ist. Alte Gewohnheiten, die noch aus der Kindheit kommen, wirken hier oft, in der Regel unbewusst.

Wenn wir das, was uns wichtig ist, immer zurückhalten, unsere Stimme nicht erklingen lassen, unsere Talente und Wünsche nicht leben, wird unsere Stimme immer mehr zu einem Stimmchen. Das kann zu allen möglichen psychischen und physischen Problemen führen. Unter anderem zu Schilddrüsenproblemen, immer wiederkehrenden Halsentzündungen und Nackenverspannungen. Wenn die Energie im Hals festsitzt, haben wir unsere innere und äußere Stimme verbannt. Wir fühlen uns gefangen, unterdrückt, klein und unbedeutend. Wir glauben nicht, dass wir etwas Besonderes einzubringen haben, und sind davon überzeugt, dass wir es nicht wert sind, gehört zu werden.

Um dieses Chakra zu aktivieren, kannst du dich bewusst kreativ betätigen und dich so darin üben, dich individuell auszudrücken. Singen, Malen, Schreiben usw. können dir dabei helfen, herauszufinden, was dir am Herzen liegt.

Die innere Wahrheit auszusprechen, statt eine Lüge zu leben, um bloß nicht aufzufallen, gehört dazu, wenn wir unsere feinen Antennen zum Leben erwecken wollen. Die Entfaltung unserer Seelenkräfte ist das Ergebnis eines auf Wahrheit ausgerichteten Lebens. Denn wir können feine Schwingungen nicht erfassen, solange bei uns hauptsächlich die groben Schwingungen aktiv sind. Und zu diesen groben Schwingungen gehört die Lüge: sich selbst aus Bequemlichkeit etwas vormachen, andere zum eigenen Vorteil täuschen, die Wahrheit aus Angst nicht sehen wollen. All das verunreinigt das Energiefeld, schwächt den physischen Körper und verhindert eine feinere Wahrnehmung. Intuition und die Entfaltung der Seelenkräfte werden unmöglich, wenn wir daran gewöhnt sind, in der Lüge zu leben. **Ist das Halschakra jedoch aktiv, beginnen wir, Lüge und Wahrheit voneinander zu unterscheiden.** Wir erkennen besser, wann wir uns selbst etwas vormachen, und werden nicht mehr so leicht von anderen hinters Licht geführt. Auf der feinstofflichen Ebene bedeutet es, dass du weißt, welche inneren Eingebungen Einbildungen sind und welche tatsächlich einer höheren Wahrnehmung entstammen.

Viele fragen sich, woher sie wissen sollen, ob ein Gefühl eingebildet oder echt ist. Wenn das Halschakra ausreichend aktiv ist, wirst du es wissen. Es ist das Energiezentrum, das Wahrheit und Lüge offensichtlich macht.

Im Halschakra wird die Energie auf ein ganz neues Level gehoben. Die Liebe wirkt hier ganz subtil, du fühlst dich mit allem verbunden. Es ist, als würdest du dich stark ausdehnen. Subjekt und Objekt verschwimmen, sodass du dich nicht mehr getrennt vom Ganzen wahrnimmst. Die eigenen Grenzen lösen sich zunehmend auf: Du weißt kaum noch, wo der eigene Körper endet und die Welt beginnt. Du fühlst das Außen im Innen und das Innen im Außen. Das Empfinden für die Welt um dich herum ist dermaßen feinsinnig, dass du sie in dir wahrnehmen kannst. Du fühlst die Pflanze, den Menschen, das Tier, weil du dich so sehr ausdehnst, dass du dich mit allem Lebendigen verbindest.

ca. 5 Minuten

Übung: Wahrnehmung und Harmonisierung des Halschakras

Lege dich mit dem Rücken auf eine Unterlage, und spreize Beine und Arme etwas vom Körper ab. Dein Kiefer und deine Schultern sind locker.

Fühle in deinen Hals hinein. Was fühlst du spontan in diesem Bereich? Kannst du ihn sofort wahrnehmen, oder brauchst du etwas Zeit, um deinen Hals zu spüren? Fühlt die Energie sich hier lebendig und warm an, wie eine pulsierende, wohltuende Kraft, oder ist die Energie kühl und der Bereich eher verspannt?

Lege eine Hand sanft auf deinen Hals. Du kannst sie auch etwas genauer platzieren, wenn du das Gefühl hast, noch nicht an der richtigen Stelle zu sein. Vertraue deiner Intuition.

Stelle dir bei jedem Einatmen vor, wie beruhigendes, indigo-violettes Licht in deine Hand fließt und wie es beim Ausatmen deinen Hals durchströmt. Es weitet den Bereich und bringt tiefen Frieden und Freiheit. Mit jedem Ausatmen fließt immer mehr wohltuende Energie in deinen Hals herein und schenkt dir eine tiefe Verbundenheit mit allem Sein.

Lege deine Hand am Ende wieder zurück auf den Boden, und spüre für einen Moment nach. Kannst du jetzt wahrnehmen, wie sich die Energie vom Halschakra aus nach unten in deine Schultern und deinen Brustkorb, aber auch im Kopf verteilt? Vielleicht fühlst du Wärme oder ein Kribbeln im Hals und an anderen Körperstellen. Oder du nimmst eine Hitze wahr oder ein Gefühl von »heißer Kälte«, also Wärme und Kälte zugleich. Das sind Anzeichen dafür, dass deine Energie verstärkt fließt. Vielleicht nimmst du aber auch einfach nur wahr, dass du dich entspannter und wohler fühlst. Deine Energie ist jetzt harmonisiert und aktiviert.

Das Stirnchakra

Das sechste Energiezentrum wird auch Ajna (Sanskrit), Drittes Auge oder Auge der Intuition genannt. Es befindet sich in der Mitte des Kopfes auf Höhe der Augenbrauen. Beim Berühren des Punktes an der Stirn zwischen den Brauen wird durch einen Nerv das eigentliche Chakra in der Mitte des Kopfes aktiviert. Auf der physischen Ebene steht das Dritte Auge mit der Zirbeldrüse in Verbindung. Diese beginnt bei den meisten Kindern etwa mit dem neunten Lebensjahr, sich zurückzuentwickeln. Bis zu dieser Zeit ist der junge Mensch noch recht feinfühlig und intuitiv. Dann beginnt die Hirnanhangdrüse mit der verstärkten Ausschüttung von Hormonen, die das Bewusstsein der Sexualität erwecken und die Formung und Festigung einer weltlichen Identität in Gang setzen. Intuition und feineres Fühlen geraten dadurch immer mehr in den Hintergrund.

Die Farbe des Chakras ist nach den traditionellen Schriften silberweiß. Hier treffen die zwei Hauptenergiekanäle Ida und Pingala mit dem Hauptenergiekanal Sushumna zusammen. Ida und Pingala schlängeln sich die Wirbelsäule entlang nach oben, während Sushumna, das sich innerhalb des Rückenmarks befindet, gerade nach oben zum Kopf fließt. Pingala ist der feurige, rote Energiekanal, Ida der kühle, blaue und passive. Sie repräsentieren die Grundkräfte, die nicht nur unseren Körper, sondern auch unser ganzes Sein und die gesamte Natur durchströmen. Alles ist passiv und aktiv, Plus und Minus. Selbst in Atomen findet sich dieses Prinzip wieder. Es ist faszinierend, wie selbst in den kleinsten materiellen Teilchen der Existenz dieses Prinzip wirkt.

Der Hauptenergiekanal Sushumna steht, anders als Ida und Pingala, für die reine kosmische Kraft ohne jegliche Eigenschaften. Aktiv und Passiv, Ida und Pingala, kommen also im Stirnchakra mit dem Hauptenergiekanal zusammen und werden neutralisiert. Eine Erfahrung jenseits des Physischen tut sich hier auf. Ein Glücksgefühl wird lebendig, das wir so noch nicht kannten. Alles ist nun aufs Höchste verfeinert und hoch schwingend. Eine sehr starke Freude durchströmt uns.

Wird die Energie im Dritten Auge aktiv, wissen wir, dass höchste Ekstase möglich ist. Sie wird jetzt spürbar, weil wir ganz selbstverständlich über lange Zeiträume in den gegenwärtigen Moment abtauchen können. Wir sind nicht mehr so sehr mit dem Außen beschäftigt in der Hoffnung, dort unser ganzes Glück und unsere Erfüllung zu finden. Zu meditieren fällt uns leicht, wir lieben es, in der Stille mit uns selbst zu sein.

Ein geöffnetes, aktives Stirnchakra macht es uns möglich, Visionen zu erhalten. Meist empfangen wir Bilder im Inneren, aber es kann auch sein, dass sie sich im Außen zeigen. Wenn das Dritte Auge auf natürliche Art und Weise und ohne Zwang erweckt wird, können wir das Gesehene auch gut einordnen und verstehen. Denn die individuelle geistige Evolution entfaltet sich normalerweise in einem Tempo, das uns nicht überfordert und überwältigt, sondern Schritt für Schritt. Wenn das Dritte Auge dann aktiv wird, können wir gut damit umgehen. Ganz anders ist es, wenn wir versuchen, dieses Energiezentrum gewaltsam zu öffnen. Solange wir keinerlei sonstige innere Transformationsarbeit gemacht haben, uns nicht um die Entwicklung unseres Herzens und unseres Unterscheidungsvermögens gekümmert haben – wie sollen wir da plötzliche Visionen einordnen können? Wenn wir unsere Gedanken nie zu reinigen und zu kontrollieren versucht haben und unsere Herzen verschlossen sind, werden die Bilder, die wir eventuell sehen, auch nicht sonderlich licht- und liebevoll sein. Deshalb sollten wir uns zusätzlich immer um die Stärkung des Charakters bemühen und darum, das Herzzentrum zu aktivieren. Dann werden die Bilder auch schön und lichtvoll sein.

Die Aktivierung dieses Chakras bewirkt, dass wir uns nicht mehr so stark durch unsere Persönlichkeit definieren. Die Perspektive des Einheitsbewusstseins ist nun stärker. Manche Menschen haben blitzartige Erkenntnisse dieser Art, ohne jemals vorher etwas davon erfahren zu haben. Es ist, als würden sie urplötzlich in eine ganz andere Welt hineingeworfen. Doch das ist eher selten der Fall. In der Regel kommen solche Einheitserfahrungen erst vor, wenn wir uns einige Zeit ernsthaft der inneren Dimension zugewandt haben und bereits durch eine tiefere Transformation gegangen sind. Das bedeutet regelmäßige Meditation und Reinigung auf der physischen, mentalen und emotionalen Ebene. Erst dann beginnt dieses Energiezentrum, sich zu öffnen.

Auch das Herz- und das Halschakra öffnen uns für Einheitserfahrungen. Allerdings in dem Sinn, dass wir erleben, wie sehr wir alle miteinander verwoben sind. Das Herzchakra ermöglicht dabei die Erfahrung, gemeinsam in einem Liebesfeld zu schwingen. Es fühlt sich warm und geborgen an. Das Halschakra ist subtiler in seiner Energie, kühl und klar. Die Einheitserfahrung dort ist weniger sinnlich und eher geistiger Natur. Im Dritten Auge hebt sich die Energie auf ein völlig neues Level. Hier fallen wir in eine Dimension hinein, losgelöst von der vertrauten weltlichen Erfahrung, als ob Galaxien miteinander verschmölzen. Alles scheint möglich. Dimensionstore öffnen sich leicht in alle Richtungen. Wohlgemerkt, wir befinden uns noch immer auf einer Ebene der Erfahrung, aber so feinsinnig, so multidimensional, dass wir beinahe jenseits davon sind. Erst im nächsten Chakra, dem Kronenzentrum, löst sich alles auf, und was übrig bleibt, ist reines, alldurchdringendes Bewusstsein.

ca. 5 Minuten

Übung: Wahrnehmung und Harmonisierung des Stirnchakras

Lege dich mit dem Rücken auf eine Unterlage, und spreize deine Beine und Arme etwas vom Körper ab. Dein Kiefer und deine Schultern sind locker.

Fühle in die Mitte deines Kopfes hinein. Was fühlst du dort spontan? Kannst du diesen Bereich sofort wahrnehmen, oder brauchst du etwas Zeit, um hineinzufühlen? Fühlt sich die Mitte deines Kopfes lebendig und pulsierend an, oder ist das Gefühl weniger angenehm? Verspürst du dort eventuell einen Druck?

Lege nun deinen Mittelfinger leicht und entspannt auf die Stelle zwischen deinen Augenbrauen. Von hier führt ein Nerv direkt zum Inneren deines Kopfes. Dorthin, wo das eigentliche Chakra sitzt. Du kannst deinen Finger auch etwas genauer platzieren, wenn du das Gefühl hast, noch nicht an der richtigen Stelle zu sein.

Stelle dir bei jedem Einatmen vor, wie silbernes Licht in deinen Finger fließt, und beim Ausatmen, wie es bis zur Mitte deines Kopfes strömt. Das helle Licht reinigt die Mitte deines Kopfes, sodass Hellsicht und ein tiefes Erfassen der Realität für dich möglich werden. Mit jedem Ausatmen fließt immer mehr wohltuende Energie in deinen Kopf herein. Du fühlst dich innerlich weit, multidimensional und hast das Gefühl, dass nichts unmöglich ist.

Lege deine Hand am Ende wieder locker auf den Boden, und spüre für einen Moment nach. Vielleicht kannst du wahrnehmen, wie sich die Energie vom Kopf nach unten auch in deinen Hals und in deine Schultern ausdehnt. Fühlst du Wärme, Strömen oder ein Kribbeln? Vielleicht nimmst du auch eine Hitze wahr oder eine »heiße Kälte«, also Wärme und Kälte zugleich. Das sind alles Anzeichen dafür, dass deine Energie wieder verstärkt fließt. Vielleicht nimmst du aber auch einfach nur wahr, dass du dich entspannter und wohler fühlst.

Das Kronenchakra

Das höchste Energiezentrum befindet sich oben am Scheitel. Das siebte Chakra heißt Kronenchakra, im Sanskrit wird es auch Sahasrara genannt. Es wird in unterschiedlichen Farben dargestellt, am häufigsten in Violett, Gold oder Weiß mit violetten Anteilen. Es wird auch gesagt, dass es alle Farben enthält. Im Grunde ist dieses Chakra aber jenseits aller Farben, denn es schwingt mit dem reinen Bewusstsein, das keine Eigenschaften hat. Farben stehen immer in Verbindung mit Gefühlen. **Das Kronenchakra ist der Ort jenseits aller sinnlichen, emotionalen und mentalen Erfahrung.** Für die meisten Menschen ist das schwer vorstellbar, und nicht alle wollen dorthin, aber es ist die Krönung der spirituellen Reise.

Dieses Chakra wird aktiviert, wenn die Energie durch die Wirbelsäule frei nach oben fließen kann. Damit dies der Fall ist, müssen die Blockaden in allen unteren Zentren zum großen Teil aufgelöst sein. Das ist ein evolutionärer Prozess, eine Reinigung und Transformation auf tiefsten Ebenen – physisch, emotional und mental.

Wenn das Kronenchakra geöffnet ist, löst sich in unserem Bewusstsein jede Dualität auf. Wir nehmen uns nicht mehr

getrennt von der äußeren Welt wahr, alles ist reines Bewusstsein. Die Aktivierung des Kronenchakras ist der ultimative Schritt zur Erfüllung. Wenn es offen ist, wird unser Bewusstsein von einer Glückseligkeit jenseits aller irdischen Freuden durchdrungen. Wir sind als Individuen und als Gesellschaft jedoch nicht auf das Einheitsbewusstsein fokussiert. Hauptsächlich widmen wir uns den Themen der unteren drei Chakras. Nicht einmal das Herzchakra steht im Vordergrund.

Wir definieren uns normalerweise über unsere Persönlichkeit, unseren Körper, über unsere Gedanken und Gefühle oder sogar über höhere Ebenen der Existenz, zum Beispiel die Engelreiche. Subtile, hoch schwingende Realitäten sind wunderschön, und sie sind das Ergebnis eines auf Reinheit und höhere Wahrheit ausgerichteten Lebens. Aber sie sind immer noch Manifestationen und deshalb nicht die ultimative Wahrheit. Wenn wir noch einen Schritt weitergehen, ins Kronenchakra, wird klar, dass alles, was existiert, reines Bewusstsein ist. Der Tod verliert seinen Schrecken, Zeit und Raum lösen sich auf. Alles ist gut, vollkommen und ein ewiges Eines.

Was im Dritten Auge bereits begonnen hat, kommt hier zur Erfüllung. Sicherlich kann es Angst machen, diese Ebene zu betrachten, wenn dem Geistigen bisher keine Bedeutung zugesprochen wurde. Natürlich möchten wir uns im Bewusstsein nicht in der Einheit auflösen, wenn alles, was bisher eine Rolle spielte, Sicherheit, Sex und Macht war. Dann halten wir voller Angst fest in der Annahme, wir seien nichts jenseits unserer irdischen Persönlichkeit. Oder wir baden in der warmen Empfindung des Herzchakras und möchten für immer dort bleiben. Vielleicht lieben wir das Okkulte, und es macht Vergnügen, zu manifestieren, mit Toten zu sprechen oder dergleichen. Aber was für eine Freiheit, was für eine Glückseligkeit warten auf uns, wenn wir noch einen Schritt weitergehen und die höchste Ebene betreten! Wir schieben die letzten Schleier zur Seite und verstehen plötzlich die Heiligen Schriften in ihrer Essenz. Wir wissen nun, dass das Göttliche nicht vom Menschen getrennt ist. Dass wir immer das Ultimative in uns tragen, ja, selbst das Ultimative sind.

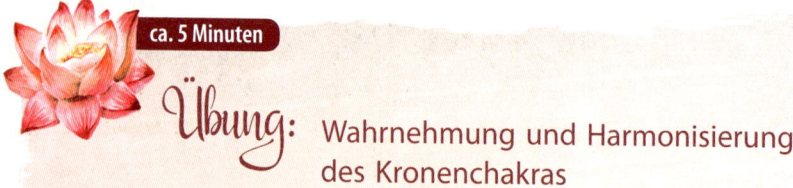

ca. 5 Minuten

Übung: Wahrnehmung und Harmonisierung des Kronenchakras

Lege dich mit dem Rücken auf eine Unterlage, und spreize deine Beine und Arme etwas vom Körper ab. Lasse deinen Kiefer und deine Schultern locker.

Fühle in den oberen Bereich deines Kopfes hinein. Was fühlst du dort spontan? Kannst du diesen Bereich sofort wahrnehmen, oder brauchst du etwas Zeit, um ihn zu spüren? Fühlt der Scheitel sich lebendig an, als ob dort eine pulsierende Kraft wäre, oder ist es dort unangenehm und verspürst du vielleicht einen Druck?

Halte deine Hand etwas über deinen Scheitel. Du kannst sie auch etwas genauer platzieren, wenn du das Gefühl hast, noch nicht an der richtigen Stelle zu sein. Auch wenn deine Hand deinen Kopf nicht direkt berührt, kannst du, wenn du ganz fein hineinspürst, die Energie wahrnehmen, die aus deiner Handfläche strömt.

Stelle dir bei jedem Einatmen vor, wie reine Lebensenergie in deine Hand fließt, und beim Ausatmen, wie sie von der Hand in den Kopf hereinströmt.

Mit jedem Ausatmen fließt mehr Lebensenergie in deinen Kopf herein. Du fühlst, wie sich nach und nach alles, was du zu sein glaubtest, in reine Energie auflöst. Du bist pures Bewusstsein, die universelle Kraft, ohne Eigenschaften, ohne Anfang und Ende. Die Schwingungsfrequenz der einzelnen Chakras wird immer subtiler und zur selben Zeit kraftvoller, je höher du nach oben steigst.

Je mehr sich die Energie vergeistigt, desto wirkungsvoller und weitreichender ist sie. Ziel ist es, alle Chakras und damit auch die zuständigen Bereiche des Gehirns zu aktivieren. Denn jedes Chakra hat im Gehirn seine Entsprechung. Oft hören wir, dass wir nur einen geringen Teil unseres Gehirns nutzen. Das hängt damit zusammen, dass wir in der Regel noch nicht unser volles geistiges Potenzial entwickelt haben und uns in der spirituellen Evolution häufig noch ziemlich am Anfang befinden.

Die universelle Kraft

Wir müssen unsere Seelenkräfte nicht aus uns heraus kreieren, sondern lediglich Umstände schaffen, unter denen sie sich entfalten können. In einem Urzustand, in dem wir offen, vertrauensvoll und voller Energie sind, zeigen sie sich ganz selbstverständlich.

Sobald deine Energie subtiler und höher schwingend wird, öffnest du dich für Informationen auf einer tieferen Ebene. Zum Beispiel nimmst du dann die Gefühle anderer Menschen wahr, weil du dich sehr stark mit ihnen verbunden fühlst. **Je weiter du dich nach innen wendest, desto mehr spürst du die Verbindung allen Lebens, bis zu dem Moment, wo du absolute Einheit erfährst.**

Die universelle Kraft ist die eine, unveränderliche, vibrierende Energie, die sich durch unterschiedliche Manifestationen wie Mensch, Tier, Stein usw. ausdrückt. Wir sind nicht so sehr voneinander getrennt, wie es uns auf den ersten Blick erscheint. Babys zum Beispiel haben noch kein intensives Ich-Gefühl. Sie schwimmen in der Energie der Einheit. Das können wir in ihren Augen sehen: Sie können schwerlich fixieren, alles ist weich, fließend und allumfassend. Babys urteilen und verurteilen nicht, sie nehmen alles einfach nur wahr und sind voller Liebe und Wohlwollen. Wir möchten ein Baby lange anschauen, es im Arm halten und dieses stille Glück, das das kleine Wesen ausstrahlt, geradezu aufsaugen. Babys baden in der Urkraft, denn sie haben noch kein getrenntes Ich-Empfinden. Aber es geht nicht darum, unsere Individualität auszumerzen und in den Zustand des Babys zurückzugehen. Individuation ist Teil des Lebensspiels.

Es geht viel mehr darum, bewusst in den Urzustand einzugehen. Das Baby ist es nur vorübergehend, so lange, bis seine aus vergangenen Leben mitgebrachten geistigen Neigungen, auch Samskaras (Sanskrit) genannt, erwachen. Denn das Kind ist kein unbeschriebenes Blatt: Der innere Speicher vergangener Leben mit all seinen Glaubens-, Verhaltensmustern und Eindrücken beginnt schon bald, sich in seinem jetzigen Leben zu entfalten. Wie bereits erwähnt, verkümmert die Zirbeldrüse, die die außersinnliche Erfahrung, Intuition und tieferes Erfassen der Realität im Allgemeinen möglich macht, ab einem Alter von etwa neun Jahren, und an ihrer Stelle produziert die Hypophyse Hormone, die das sexuelle Bewusstsein erwecken und damit eine weltliche Identität festigen.

Im Laufe der Zeit bringen wir zum Ausdruck, was wir in unserem mitgebrachten Speicher an guten und auch destruktiven Glaubensmustern und Sehnsüchten tragen, und entwickeln auch neue Ideen und Lebenseinstellungen. Manche meinen, es ist irrelevant, ob dabei ein besserer Mensch aus uns wird. Hauptsache, wir leben das aus, was in uns ist. **Geht es wirklich nur darum, das zu werden, was wir in uns tragen, ganz gleich, ob es konstruktiv ist oder zerstörerisch?** Manche sagen: »Wozu sich selbst mit einengenden Moralvorstellungen hemmen, wenn ich doch das Leben urteils- und unterscheidungsfrei genießen kann?« So spricht der Lebenshunger. Die Sehnsucht nach Weisheit muss erst noch erwachen. Es ist möglich, zu tun, was wir wollen, nur ist es unmöglich, die Konsequenzen unserer Taten zu wählen. Nicht all unsere Wünsche tragen dazu bei, unser Leben zu verbessern. Vieles kann ins Verderben führen und lässt die tiefere Realität noch

mehr verblassen. Aber es sind natürlich Lektionen, die gelernt werden wollen. Strikte Moral ohne Verständnis bringt uns hier nicht weiter.

Ein höheres Bewusstsein ermöglicht ein Dasein in Harmonie und Glück. **Das Erwachen der Seelenkräfte ist das Ergebnis eines auf die tiefere Wahrheit ausgerichteten Seins.** Dazu gehört die Bereitschaft, innerlich zu wachsen, was ohne Unterscheidungsvermögen nicht möglich ist.

Das Erwachen der Seelenkräfte setzt starkes, feinsinniges Fühlen voraus. Und wenn wir so fein geworden sind, dass wir hinter den Vorhang der vielen Illusionen blicken, sehen wir, dass wir doch nicht so fest und starr waren, wie es schien. Um es bildlich auszudrücken: Stelle dir vor, dass du ein Holzscheit bist. Du brennst im Feuer deiner Lebenserfahrungen und wirst immer mürber und durchlässiger, bis du dich in Rauch verwandelst und im großen Ganzen aufgehst. Das Holzscheit war nie von der universellen, kosmischen Kraft getrennt. Auch in ihm herrschte die kosmische Kraft, nur eben so verdichtet, dass es nur schwer zu erkennen war. Erst wenn das Holzscheit in Rauch aufgeht, also in einen sehr feinen und hohen Zustand übergeht, wird die Einheit, in der es sich die ganze Zeit schon befand, erkennbar.

Wir müssen feinfühliger werden, um uns der kosmischen Kraft bewusst zu sein. Wir sind jedoch immer das Göttliche, ganz gleich, in welchem Zustand wir uns befinden. Aber was nützt uns diese Erkenntnis, wenn wir das nicht fühlen? Wenn unsere Seelenkräfte voll erwachen, nehmen wir genau das wahr.

Unsere ganze Existenz ist in ihrer Essenz pures Bewusstsein. Wenn wir so feinsinnig sind, dass wir diese Realität wahrnehmen können, werden wir wissen, wer wir auf tieferer Ebene wirklich sind.

Alles, was wir sehen, und auch, was wir normalerweise nicht sehen, zum Beispiel Gedanken und Energie, ist Ausdruck dieser universellen Urkraft. Da Gedanken und Energie in ihrer Form viel feiner sind, können wir sie auch leichter formen und verändern, als das, was wir sehen und anfassen können. Ohne Gedanken und Ideen gibt es keine Form. Es muss erst etwas im Feinstofflichen geschehen, damit es im Grobstofflichen wahrnehmbar wird.

Der intuitive Mensch kann durch die Manifestation schauen, dorthin, wo der Ursprung der Form ist, ins Unsichtbare. Somit kann er sehen, warum in der Welt des Sichtbaren etwas so ist, wie es ist. Er sieht den Ursprung, erkennt die Idee und den Gedanken, die der Manifestation vorausgingen. Ein Beispiel: Eine Person hat ständig Halsentzündungen, muss immer husten und sich räuspern. Wenn du intuitiv bist, siehst du ins Energiefeld des Leidenden und erkennst dort eventuell seine Unfähigkeit, sich auszudrücken, für sich zu sprechen, seine Stimme einzubringen. Du bekommst Hinweise auf den Ursprung des Problems: Vielleicht waren es die Eltern, die das Kind niemals zu Wort kommen ließen. Seine Stimme wurde niemals liebevoll angehört und ernst genommen. Die frühen mentalen und emotionalen Verhaltensmuster sind noch aktiv. Du siehst, dass sich im Hals die Energie staut, und kannst auf der Ebene des Feinstofflichen helfen, sie wieder zum Fließen

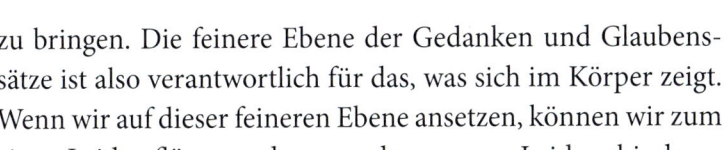

zu bringen. Die feinere Ebene der Gedanken und Glaubenssätze ist also verantwortlich für das, was sich im Körper zeigt. Wenn wir auf dieser feineren Ebene ansetzen, können wir zum einen Leid auflösen und zum anderen neues Leid verhindern.

Die universelle Kraft hat anfänglich keine besonderen Eigenschaften, sie ist reines Bewusstsein. Mit unseren Gedanken geben wir dieser neutralen Kraft eine bestimmte Form: Das Individuum ist ein spezieller, kreativer, einzigartiger Ausdruck der ansonsten neutralen Energie. Und je nachdem, wie wir diese Energie nutzen, werden wir entweder eine wohlwollende, freundliche Welt kreieren oder eine nicht so angenehme. Eine konstruktive Einstellung führt ultimativ dazu, dass wir diese Urenergie verstärkt wahrnehmen. Destruktives bewirkt hingegen, dass uns das Ultimative ein Geheimnis bleibt. **Die Urkraft ist mächtig und voller Lebendigkeit. Was wir mit diesem Potenzial anstellen, liegt in unserer Verantwortung.**

Sobald die Intuition erwacht, wissen wir, dass Körper, Gefühle und Gedanken nicht voneinander getrennt sind, sondern stets eine Einheit bilden. Dann werden wir uns davor hüten, alles ungefiltert in uns hereinzulassen, sondern bewusster in der Wahl unserer Gedanken und Glaubenssätze sein. Wir beginnen zu wählen, wo wir doch vorher dachten, wir hätten keine Wahl.

Die Realität wird zuerst im Unsichtbaren erschaffen, bis sie scheinbar plötzlich für uns sichtbar und zu Materie wird. Damit unsere Gedanken zu mehr Harmonie führen, brauchen wir mehr Bewusstheit, mehr Weisheit. Je stärker wir auf das

Gute ausgerichtet sind, desto weiter öffnet sich die Intuition für uns. Gutes stellt sich ein, wenn wir achtsam durch das Leben gehen. Je mehr wir mit destruktiven Kräften schwingen, desto weniger Erfreuliches manifestiert sich in unserem Leben. Unsere Seelenkräfte erwachen umso mehr, je intensiver wir uns innerlich reinigen und ausrichten. Die innere Stimme wird klarer. Wo wir vorher selbst die lautesten inneren Schreie völlig überhörten und ignorierten, nehmen wir nun die leisesten Töne wahr. Vorher hatten wir viel Lärm in uns, nun herrscht Stille.

Je mehr du auf das Gute ausgerichtet bist, desto mehr Energie steht dir zur Verfügung und desto wacher und glücklicher bist du. Dann bereitet dir deine eigene Gegenwart Freude, du versuchst nicht ständig, dir selbst zu entkommen. Ganz im Gegenteil: Du willst ruhiger werden, um dich noch mehr zu spüren. Wenn wir voller Vorfreude nach innen gehen und die Seelenkräfte erwecken, dann ist es nur noch ein kleiner Schritt, bis wir beginnen, die alldurchdringende Urkraft zu spüren. Weisheit erwacht. Wir sehen Zusammenhänge, wo vorher nur Bruchstücke waren. Alles ergibt dann Sinn.

Die folgenden Übungen helfen dir, zu verinnerlichen, wie sehr alles in der göttlichen Einheit schwingt. Beobachten wir feinsinniger, löst sich das Stoffliche auf, und wir schauen in eine tiefere Dimension.

ca. 10 Minuten

Übung: Alles ist reine Energie

Setze dich bequem auf einen Stuhl oder auf den Boden. Achte darauf, deinen Rücken aufzurichten, damit die Energie frei vom Becken bis zum Kopf fließen kann. Dein Kiefer ist locker. Lege deine Hände auf deinen Oberschenkeln ab, die Handflächen zeigen dabei nach oben. Deine Arme und Schultern sind entspannt. Atme durch den Mund ein und aus.

Mache dir bewusst, dass alle Gegenstände, nicht nur alles Lebendige, im Kern voller Vitalität sind: Der Tisch erscheint fest und starr, aber im Inneren schwirren Atome umher, eine ständige Bewegung in alle Richtungen. Selbst die Luft besteht aus Atomen.

Stelle dir vor, wie du in das Innere der Dinge schaust. Alle Grenzen weichen auf. Die Atome des Tischs, der Wände, der Möbel schweben neben den Atomen der Luft und sind nicht mehr von diesen zu unterscheiden. Alles ist einfach voller vibrierender Lebendigkeit, ohne starre Definitionen oder Grenzen. Du nimmst wahr, wie nichts für sich allein im Raum steht. Alles ist mit allem zu einer wunderbaren Einheit verschmolzen.

Gehe jetzt noch einen Schritt weiter, und stelle dir vor, dass die Atome, die alles ausmachen, aus reiner Energie bestehen. Letztlich ist nichts fest und starr. Alles vibriert im kosmischen Bewusstsein.

ca. 10 Minuten

Übung: Flirrende Lichtpunkte

Gehe nach draußen, und schaue in den Himmel. Kneife dabei deine Augen leicht zusammen, sodass du alles etwas verschwommen siehst. Irgendwann beginnst du, unzählige kleine Punkte zu sehen, wie auf einem Fernsehbildschirm, der kein Bild bzw. nur Fernsehschnee anzeigt.

Du erkennst diese schwirrenden Pixel nicht nur im Himmel, sondern in allem, was du ansiehst. Alles scheint aus unendlich vielen dieser lebendigen, flirrenden Lichtpunkte zu bestehen. Manche dieser winzig kleinen Lichter scheinen einen Lichtschweif hinter sich herzuziehen.

Hast du diese Beobachtung erst einmal gemacht, fällt es dir leicht, die flirrenden Lichtpunkte überall zu sehen, nicht nur am Himmel, sondern auch drinnen oder wenn du deinen eigenen Körper ansiehst. Für den Anfang ist es am leichtesten, wenn du Flächen anvisierst, die ruhig und einfarbig sind, zum Beispiel eine Wand. Beobachtest du also feiner, erscheint es, als ob das Stoffliche sich auflöst, und du schaust in eine tiefere Dimension.

Übung: Ausdehnung des Bewusstseins

ca. 10–15 Minuten

Du kennst diese Übung schon aus dem Kapitel zum Kronenchakra. Wir wollen hier jedoch noch etwas tiefer gehen.

Lege dich mit dem Rücken auf eine Unterlage auf dem Boden. Spreize deine Beine und Arme etwas vom Körper ab. Lasse deinen Kiefer und deine Schultern locker und entspannt.

Halte deine Handfläche ganz knapp über deinem Scheitel, wo dein Kronenchakra liegt. Stelle dir bei jedem Einatmen vor, wie sich reine Lebensenergie in deiner Hand sammelt, und beim Ausatmen, wie sie von dort in deinen Kopf hereinströmt.

Mit jedem Ausatmen fließt mehr Lebensenergie in deinen Kopf herein, sodass er bald völlig von Energie durchflutet ist. Beginne nach mehreren Atemzügen dieser Visualisierung, dir vorzustellen, dass mit jedem Ausatmen die Lebensenergie vom Kopf tiefer in deinen Körper fließt. Du fühlst, wie jede Zelle allmählich im Licht gebadet wird, vom Scheitel bis zu den Zehen.

Wenn du das Gefühl hast, dass dein gesamter Körper mit Lebensenergie gefüllt ist, visualisiere nun bei jedem Ausatmen, dass der Raum um deinen Körper herum ebenfalls allmählich voller Energie erstrahlt. Mit jedem Ausatmen verstärkt sich nun die Energie auch um dich herum immer mehr.

Stelle dir im letzten Schritt vor, dass einfach alles Energie ist, ganz ohne Begrenzung. Du vergisst deine Hand, deinen Körper, Raum und Zeit und fühlst nur noch reines Bewusstsein, pures Sein. Alles ist eins.

Du brauchst dich nicht mehr auf deinen Atem zu konzentrieren, wenn du ganz im reinen Sein bist. Hier ist ohnehin alles in perfekter Harmonie. Du vergisst völlig, wer du bist, und schwingst mit dem Göttlichen im ewigen Jetzt. Verbleibe in diesem Zustand, solange du möchtest.

*Um das Höchste zu erreichen,
muss das Höchste erstrebt werden.*

Schlusswort

Unsere Seelenkräfte erwachen, sobald wir die Stille in uns betreten und uns dort immer wohler fühlen. In dem Moment, in dem wir bereit sind, uns selbst zu begegnen, unsere unterdrückten Emotionen anzuschauen und auszuhalten, werden wir zunehmend bewusster. Damit beginnt ein neues, erfüllteres Leben. Es mag zunächst nicht danach aussehen, weil wir nun vielleicht mit Themen konfrontiert werden, die wir als unangenehm empfinden. Früher nahmen wir sie nicht wahr, was aber nicht bedeutet, dass sie nicht da waren. Im Unterbewussten waren sie sehr wohl lebendig und Teil unseres Lebens. Wir haben uns bloß betäubt, um diese unliebsamen Themen nicht ansehen zu müssen. Wir drangen nicht in die tieferen Schichten unseres Seins, denn das machte uns Angst.

Wie überraschend ist es jedoch, festzustellen, dass durch das bewusste Hinschauen der Schmerz nicht stärker, sondern mit der Zeit immer kleiner wird. Wir müssen nicht länger vor uns selbst weglaufen. Die Stille ist keine Bedrohung mehr, sondern zunehmend eine Wohltat. Und in diesem Stillwerden und Nach-innen-Gehen werden wir feiner und sensitiver. Eine ganz neue Dimension des Empfindens tut sich auf. Wir brauchen keine extremen Reize mehr, um uns lebendig und wach zu fühlen. Entschleunigung wird uns zum Bedürfnis. Wir können und wollen nicht mehr hetzen und rennen. Nun wenden wir uns gern nach innen. Die Sinne kommen zur Ruhe, und eine neue Realität tut sich auf. Hellfühlen, Hellsehen, Hellhören … ganz selbstverständlich öffnen sich diese Dimensionen, von denen wir früher dachten, sie seien nur ganz wenigen Menschen zugänglich. Und je mehr wir uns auf unseren sechsten Sinn verlassen und tiefer in unsere Stille hineinsinken, desto deutlicher können wir wahrnehmen, dass unsere ganze Existenz in einer bisher nicht gekannten Einheit schwingt. Alles ist eins, und keiner ist allein.

Das Glück wird greifbar, wenn wir uns dem widmen, wovon wir dachten, es sei belanglos und langweilig: absolute Stille. Hier beginnt das Wunder. Und hier suchen wir am allerwenigsten nach dem Glück. Denn die verdrängten, unterdrückten Gefühle sprudeln sofort an die Oberfläche, sobald wir die Stille zulassen. Hier braucht es Mut, Bereitschaft und das Wissen, dass Transformation geschieht, sobald wir uns auf diesen Prozess einlassen. Das Freilegen der unterdrückten Emotionen und Gedanken macht uns mit der Zeit leichter, freudvoller und sensitiver. Nun haben wir Raum in uns für Wunder. Unsere Intuition beginnt, sich zu entfalten, wir erkennen, dass Trennung nur eine Illusion ist. Wir dehnen uns immer weiter aus, bis alle Grenzen verschwimmen, und wir erkennen, dass alles vom kosmischen, göttlichen Bewusstsein durchdrungen ist.

Eines Tages werden wir als Gesellschaft still werden, da wir uns entscheiden, nach innen zu gehen. Das endlose unbewusste Hetzen kommt zum Ende. Wir entdecken das feine Fühlen und mit ihm eine Liebe, die tiefer geht. Wir fühlen einander stärker, sorgen ganz selbstverständlich füreinander, wissen intuitiv, wo unser Platz im Ganzen ist. Wir nehmen uns als die eine universelle Kraft wahr, genießen das Sein in größter Glückseligkeit. Frieden, Fülle, Harmonie sind dann eine Selbstverständlichkeit. Der erste Schritt ist die Bereitschaft, sich selbst in der Stille zu begegnen. Und zwar über immer längere Zeiträume. Alles andere wird sich daraus entfalten.

Über die Autorin

Marija Schwarz hat schon früh begonnen, Yoga zu praktizieren und zu meditieren, um Zugang zur göttlichen Kraft zu finden. Auf diese Weise wurde sie hellsichtig und -fühlend und kann Energien bei anderen Menschen sehen. Sie gibt in Kassel Kurse und Seminare im Sat-Yoga, im klassischen Hatha- und Yin-Yoga sowie im dynamischen Yoga. Sie ist außerdem Künstlerin spiritueller Bilder.

www.marija-schwarz.de
www.meditation-yoga-kassel.de

Die Kraft der Seele entfalten

Alexandra Christina Bauer
Intuition
Höre auf dein Bauchgefühl
und deine innere Stimme
144 Seiten
ISBN 978-3-8434-1467-8

Die Intuition weiß, was das Herz will. Im Alltagstrubel auf sie zu hören, ist allerdings nicht so leicht. Es bleibt einfach keine Zeit, in sich zu gehen und sich zu fragen: »Was würde mir jetzt guttun?« – und die innere Stimme wird immer leiser. Dieses Buch zeigt, wie wir aus der Routine ausbrechen können. Leicht in den Tagesablauf integrierbare Übungen und einfache Meditationen helfen dabei, einen Gang runterzuschalten, zu uns selbst zu finden und uns unserer Bedürfnisse bewusst zu werden. So gewinnt das zarte Stimmchen der Intuition wieder an Kraft und kann uns auch in stürmischen Zeiten den Weg des Herzens weisen.

Susanne Steidl & Susanne Schreiter
Entdecke deine intuitive Energie
Erfahre Klarheit und Führung
in deinem Leben – Ein Praxisbuch
144 Seiten
ISBN 978-3-8434-1385-5

Innerer Kompass, sechster Sinn, Bauchgefühl – wie wir die Intuition auch nennen, wir alle verfügen über diese Gabe. Oft jedoch ignorieren wir die innere Stimme, weil uns beigebracht wurde, dass allein der Verstand zählt. Das führt nicht selten zu falschen Entscheidungen, Unzufriedenheit, sogar Krankheiten.

In diesem Praxisbuch erhalten wir zahlreiche Übungen und Tipps, mit denen wir unsere intuitive Energie wiederentdecken und sie im Alltag nutzen können. Sie weist uns den Weg: bei Entscheidungen, im Umgang mit Menschen und in herausfordernden Situationen. Uns werden Bedeutungen und Zusammenhänge des Lebens klarer, wir erfahren Führung und Halt – und wir spüren:

Wir können dem Leben vertrauen!

Danke
für deine REZENSION
– Gemeinsam sind wir mehr –

Liebe Leserin, lieber Leser,

von Herzen danken wir dir, dass du dieses Buch in den Händen hältst und es bis zum Ende gelesen hast. Das bedeutet uns, dem Schirner Verlag und seinen Autoren, sehr viel. Aus voller Überzeugung und mit Hingabe widmen wir uns seit vielen Jahren Themen, die unser aller Lebensqualität und Bewusstwerdung dienlich sind, und hoffen, einen Beitrag für eine lichtvollere Welt leisten zu können. Wenn dir unsere Arbeit gefällt, möchten wir dich bitten, dir einige Minuten Zeit zu nehmen, um dieses Buch zu rezensieren. Warum? Die meisten Menschen lesen Rezensionen, bevor sie ein Buch kaufen, da sie hierdurch einen Eindruck bekommen, ob und wie der Inhalt des Buches den Leser erreicht hat. Eine kurze Rezension ist dabei ebenso hilfreich wie eine lange, sehr ausführliche. Um es auf den Punkt zu bringen:

Eine Rezension ist heutzutage die beste Werbung für ein Autorenwerk!

Wenn du den Schirner Verlag und seine Autoren neben dem Buchkauf auch anderweitig unterstützen willst, dann bitten wir dich: Schreibe für jedes Werk eine Rezension – vielleicht als persönliche Leseempfehlung für die Buchhandlung in deiner Nähe oder online, z. B. beim Schirner Verlag. Das wäre nicht nur eine Wertschätzung für die Autoren, sondern kann dazu beitragen, dass die Verkaufszahlen steigen und der Schirner Verlag auch in herausfordernden Zeiten Bestand hat.

WIE SCHREIBT MAN EINE REZENSION?

Grundsätzlich sollte eine Rezension aus der eigenen, subjektiven Sicht geschrieben werden, da es sich um eine persönliche Meinung handelt. Du kannst in zwei Sätzen deine Gedanken zu dem Buch äußern oder eine längere Rezension verfassen. Falls du nicht weißt, wie du beginnen sollst, hier ein paar Anregungen:

- War das Buch leicht verständlich geschrieben? Wie hat dir die Sprache gefallen? Wie empfandest du die Aufteilung der verschiedenen Themen?
- War es unterhaltsam? War es deiner Meinung nach mit Herzblut und Liebe geschrieben? Wie hat es auf dich gewirkt?
- Hat es dein Herz berührt? Konntest du dich wiederfinden?
- War es tief greifend genug? Hast du viel Neues gelernt?
- Hat es gehalten, was der Titel und die Buchbeschreibung versprochen haben? Hat es deine Erwartungen erfüllt?
- Was macht das Buch besonders? Warum sticht es heraus im Vergleich zu anderen Büchern, die ein ähnliches Thema behandeln?
- Würdest du das Buch weiterempfehlen oder verschenken?

Bildnachweis

Bilder von der Bilddatenbank www.shutterstock.com:

Schmuckelemente auf allen Seiten:
Mandala: #337797701 (© Transia Design), Blumenranke: #520142188 (©Anastasiya Bleskina), rosa Lotos bei den Übungen: #1723059391 (© Daria Ustiugova), rosa Aquarellhintergrund: #262855748 (© TairA), Hintergrund Übung: #483074011 (© ilolab), Hintergrund Leuchtpunkte: #154937954 (© Natali Zakharova), Hintergrund Glitzer: #351379106 (© Nikki Zalewski)

Weitere Bilder:
S. 3 #570560110 (© suns07butterfly), #1659554146 (© Natata), #288201491 (© Sergii Syzonenko), S. 8 #1013449546 (© tanyabosyk), S. 14 #1723059391 (© Daria Ustiugova), S. 18 #275540483 (© Nikiparonak), S. 22 #671194048 (© enterphoto), S. 28 #1042867867 (© Kulik Oksana), S. 34 #1771090751 (© Le Panda), S. 48 #1868948377 (© Katika), S. 60 #1359282584 (© Katika), S. 66 #361040552 (© Blackspring), S. 70 #1186668874 (© Dimec), S. 70 #265170890 (© best works), S. 80 #377137159 (© Elena Abrazhevich), S. 88 #736954393 (© Illustration Forest), S. 100 #484539541 (© MarShot), S. 108 #1198458970 (© Peratek), S. 122 #130515098 (© Yuliya Koldovska), S. 126 #335014688 (© aninata), S. 126 #1514171312 (© paw), S. 127 #594866018 (© Carlos Amarillo), S. 131 #594865982 (© Carlos Amarillo), S. 134 #721100587 (© Carlos Amarillo), S. 138 #721100605 (© Carlos Amarillo), S. 142 #721100584 (© Carlos Amarillo), S. 147 #721100593 (© Carlos Amarillo), S. 152 #721100596 (© Carlos Amarillo), S. 156 #1715469187 (© Benjavisa Ruangvaree Art), S. 168 #1013449546 (© tanyabosyk)